戦略思考が身につく

問題解決トレーニング

経営コンサルタント
西村克己

イースト・プレス

戦略思考が身につく問題解決トレーニング　もくじ

STEP 1

アタマのいい人・悪い人

問題 1

新入社員の杉下君と山田君は、同じ部署に配属されました。杉下君は記憶力がよく、いつ、誰が、何を言ったか(何をしたか)をよく覚えています。経済事情にも詳しく、流行の理論やキーワードをよく知っています。仕事も先輩たちの指示に従ってテキパキとこなします。理解が早いので、まわりからの評価も高いようです。ただ、指示されたこと以外はまったく興味がないようです。一方の山田君は、記憶力はいまひとつですが、メモをよく取ります。また、先輩たちが指示しても、「なぜですか」「こうしてみたらどうでしょうか」と、いちいち口答えをしてしまいます。そのため「頼むのに、ひと手間かかる」といわれています。

記憶力には自信がない山田君ですが、興味がある分野についての知識は深く、一般的な新聞や雑誌に載っていないようなことまで知っています。ときどき指示にないことまで調べて、「きっとこうなるんじゃないか」と自分なりの見通しや考えを口にすることもあります。その見通しが当たるときもあれば、外れるときもあるため、一部の先輩から煙たがられることもあるのですが……。

Q

さて、杉下君と山田君、「アタマがいい」のはどちらでしょうか。

1. 杉下君
2. 山田君
3. どちらがアタマがいいとはいえない
4. 2人ともアタマがいい

アタマがいい人、悪い人を分ける「考え方」の差はどこに？

――「アタマがいい」とはどういうことか

私たちは「アタマがいい」という言葉をよく使いますが、この言葉はどういうことを意味しているのでしょうか？　記憶力がいい、アタマの回転が速い、要領がいい、論理的であるなど、そのときの状況や使う人によってさまざまなようです。

与えられた仕事を、いかに早く、品質よく仕上げるかというハウツーの部分の能力が高いことはたしかに重要です。しかし、それだけではもう通用しなくなってきています。ハウツーが必要とされるのは、何をすべきかがあらかじめわかっている場合です。

いまのビジネスで必要なのは、「目的は何か、何をすべきか」を考える力です。仕事の「内容」を理解することと、その「目的」を理解することとは違います。ハウツーを身につける前に、その仕事の目的（Ｗｈａｔ）は何かということを考えなければ、見当違いの努力ばかりすることになりかねません。目の前の仕事を片付けることだけに全力を注いでしまうと、「仕事は効率的になったけど、いつの間にかその仕事は必要とされなくなっていた」ということになってしまうのです。

――これからは戦略的なシナリオを描けるかどうか

杉下君は「よくできた新人」と評価されるでしょう。しかし、いずれビジネスを動かすリーダーの立場になったらどうでしょうか。指示されなければ考えないのでは、新しい問題解決にチャレンジできないでしょう。

私は山田君のほうが、「できる人材＝アタマがいい人」に育つ可能性があると思います。山田君は自分の考えを持っているタイプです。

自分の考えとは、ただの意見や主張とは違います。情報を調べて、それをもとに組み立てられる先の見通し、つまり戦略的なシナリオのことです。

A 2

記憶や知識の量よりも、先の見通しを立てたり、シナリオを考えたりする力が必要です！

問題 2

田中君は新商品発表会用のパンフレットの件で部長に呼び出されました。新商品を写真入りフルカラーで紹介した田中君の自信作ですが、3日前にできあがったばかりのパンフレットを見て、営業担当の常務が怒っているというのです。

「この商品は、うちの新しいコンセプトを打ち出す戦略商品だ。従来のカタログと同じつくり方では、意味がないどころか、顧客にこの商品を誤解されてしまうではないか！ いますぐつくり直せ！ ちゃんとアタマを使って仕事をしなさい！」

田中君は腹が立つのを通り越して驚いてしまいました。これまで常務が販促物のチェックをしたことなどはなく、今回もいつものように直属の部長のチェックだけを受けて発注していたのでした。

発表会を1週間後に控えた田中君はパニック状態。あわててパンフレットを再発注することにしましたが、印刷業者の担当者も、

「いくらなんでも1週間で納品するなんて無理ですよ」

と憮然とした表情です。

Q

さて、この事態を招いたのは、
いったい誰なのでしょうか？

1. 誰かが悪いのではなく、田中君は運が悪い。
2. NGが出るようなものを採用した部長が悪い。
3. 今回に限って現場に口を出す常務が悪い。
4. 田中君は悪くない。でも、要領が悪かった。

仕事の向こうに「目的」が見えれば不必要なトラブルが激減する

――「自分を離れた視点」を持て

仕事を進めていたら、突然どこからか横ヤリが入るというのは、よくあるパターンです。しかし、こうしたトラブルの地雷を踏んでばかりの人と、あまり踏まない人がいます。こうした要領の良し悪しは、どこから生じるのでしょう。

自分の視点だけで仕事を進めていると、いつまでたっても似たようなトラブルを繰り返してしまいます。田中君は、怒られるまで常務が関係者だとは思っていなかったようです。「仕事の目的＝発表会の開催」「関係者＝制作担当、当日のプレゼン担当、来場客」としか考えていなかったのです。隠れた関係者に着目することも大切です。

しかし、「新しい戦略商品」という点を踏まえていれば、自然と「これは通常の発表会とは違う」ということが予想できたはずです。

――トラブルの地雷を避けるために

A 4
自分だけの視点で仕事を進めるのではなく、つねに仕事の目的や背景をよく考え、理解したうえで仕事をしましょう！

普段から、指示を受ける前に、その仕事の目的をよく考えてみましょう。最初に全体のシナリオを描き、それに従って仕事を進めるクセをつけましょう。全体のシナリオをまとめた時点で関係者の了解を取れば、やり直しは少なくてすみます。

その仕事の目的は何か？　会社の中での位置づけはどうなっているのか？　社内のどんな部署と結びついているのか？　利害関係者（ステークホルダー）は誰なのか？

トラブルの地雷を踏みやすいのは、「目的・背景」を把握する力が弱い人です。仕事の目的や背景を理解せずに、作業内容を把握しただけで「わかった」と思ってしまうのです。

いい仕事をするためには、いまの自分の視点だけでなく、「自分の部署にとって、どんな意味があるのか」「顧客にとって、この仕事はどんな役に立つのか」というように、つねに広い視点で考えることが必要です。

問題

3

倒産する取引先が出はじめており、会社から与信管理を厳しくする指示が出たときのことです。課長は、「支払いが遅れたことがある取引先には、必ず前金で支払ってもらう。受け入れてもらえない会社とは今後、取引をやめよう」と指示をしました。

しかし、このまま全部の対象企業に前金取引をお願いするのはムリがあります。営業部門の吉岡君たちが大事な顧客を失いかねないことを訴えた結果、課長は数日後、「前金取引は、2回以上督促しても払ってくれないところだけにしよう」と方向転換しました。

しかし、その1週間後、「毎年決算書を出してくれない取引先は、やはり前金取引にする」ということになってしまいました。経理部が決算データの財務分析で与信限度額を算出するしくみをつくり、運用を図ることにしたためです。

二転三転する指示に振り回された吉岡君たちは、すっかりアタマにきて、「前にはこうおっしゃっていたでしょう！」「とりあえず、ではなく、ちゃんと結論を出してから指示をください」と課長に詰め寄りました。

Q

あなたはどう思いますか？

1. 状況改善には、臨機応変な方向転換も必要。
2. 課長が迷っているなら、上司である部長がビジョンを示すべき。
3. 課長には全体像が見えていない。だから、朝令暮改になる。

「全体最適」の視点でやり直しや朝令暮改は消える

――部分にこだわると全体が破綻をきたす

なぜ、真剣に考えて、一番いい方法だと思ってやっているにもかかわらず、同じような〝朝令暮改（朝命令したことを夕暮れには改めてしまうこと）〟や〝やり直し〟を繰り返してしまうのでしょう？

それは全体が見えず、目の前のことしか見えていないからです。足元の小さなことが一番大きな問題に見えてしまいます。あとでもっと大事なことがあったと気づいて、何度もやり直す羽目になるのです。

全体をつかむことなく、いきなり一部分に取りかかっても、その部分の位置づけやまわりとの関係が把握できず、結果的に努力がムダになってしまいます。

手際よく仕事を進めるためには、最初に全体を見てグランドデザイン（全体構想）を明確にしましょう。そして、部分の作業に取りかかっているときも、つねに全体の視点を持つようにしましょう。

A 3

最初に全体を見て、グランドデザインをしましょう。つねに「全体最適」の視点を持つことが必要です！

――「部分最適」を積み重ねても「全体最適」にはならない

「部分最適」と「全体最適」という言葉があります。ある一部分だけで見ると最も効率がよい状態であっても、それが全体の効率のよさには必ずしもつながらないというものです。「部分最適」を積み重ねても、「全体最適」になるとは限らないのです。

経営マネジメント論の第一人者P・F・ドラッカー博士の言葉を借りれば「いかに優れた部分最適でも全体最適には勝てない」のです。ちょっと立ち止まり、顔を上げて周囲を見渡しましょう。

会社の目的は、ひとつの組織として最高のパフォーマンスをあげることにあります。自分の部やチームなどの部分のためにしかならない仕事が、全体として見たとき、まったく価値を生んでいないかもしれません。

問題 4

A社は総合家電メーカーです。その中でもパソコン事業部は赤字スレスレの状態です。長く続いたデフレと、中古パソコンが市場に入ってきたことで、苦しい状況が続いています。

このままでは立ち行かなくなる、ということを多くの社員が漠然と感じており、さまざまな問題意識はあります。しかし、実際の社員の行動は、毎日の自分の仕事を遂行することに熱中するだけで、組織としての動きが鈍いのです。改善案を提案すれば、

「気がついた者がやってくれ。みんな忙しいんだから」

と言われてしまうのが明らかなので、誰も何も言わなくなってしまったのです。

かくして、非効率な仕事の進め方は今日も繰り返されています。

Q

あなたがこの会社の社員なら、
どう思うでしょうか？

1. 言い出しっぺが損をするぐらいなら、何も言わないほうがいい。
2. 大変でも、自分ひとりでも改善をめざして動く。
3. 別の会社を探して転職する。

「組織の問題」を「自分の問題」と捉え直せば、状況を動かせる

――「他責の姿勢」では現状は変えられない

問題が慢性化している状態では、多くの人が同じ問題の存在を感じています。ただ、この時点では「感じている」だけであり、きちんと把握しているわけではありません。また、積極的に取り組まなくても、とりあえず日々の仕事は回っているから、オペレーションに意識を埋没させてしまいがちです。たしかに、多くの問題はひとりでは解決できないものです。原因が自分たちだけでなく、他部署にもかかわることだと、進め方を間違えると、孤軍奮闘になり玉砕してしまうことになりかねません。

主体的に「自責の問題」として捉えないと、問題を解決することはできないのです。それには当事者意識と責任感、プライドが必要になります。やらされる仕事よりも、自分からやる仕事のほうが楽しいに決まっています。楽しければ、エネルギーをつぎ込むことは苦にならないものです。状況に振り回されるのではなく、「自分が状況を動かしている」という実感があれば、仕事の充実感も満たされます。これが「問

題発掘力」と「問題解決力」を持った人材へのスタート地点なのです。

――問題解決のスキルは誰でも身につけられる

問題解決は、これまでの日本では教育の場に登場する機会があまりありませんでした。「問題を解決するのに一番大切なのは人望である」と考えられ、問題解決力は個人の資質と思われていたからです。

しかし、欧米のビジネススクールでは、問題解決をビジネススキルとして学んでいます。何が問題かを読み解き、どうやって解決するか、という基本的な流れを身につけているのです。スマートで論理的に問題解決を進めることができれば、みんなを納得させ、人間関係にもしこりを残さなくなります。問題を発掘し、解決する能力は、どんな職業・業種にも通用する汎用スキルなのです。

A 2

組織の問題を「自責の問題」として捉え、当事者意識を持って取り組めば、「自分が状況を動かしている」という充実感とともに仕事が楽しくなります！

問題

5

吉田君はマーケティング部門に所属する5年目の社員です。フットワークが軽く、いろいろな人に会って話を聞くのが好きで、よく勉強もしています。アイデアや発想もなかなかのものです。

しかし、吉田君は一部では「暴走社員」と呼ばれています。

最近もこんな事件がありました。吉田君は社内のCRM（情報システムを活用して顧客を囲い込む経営革新手法。ポイントカードなど）導入プロジェクトに熱心に参加しています。プロジェクトではCRMについて勉強会を開くことになり、講師についての人選が進んでいました。ところが、社としての決定が出る前に、吉田君は講師を依頼してしまったのです。

「もう、あのコンサルタントに依頼したって、本当か？」

「ええ、そうなんです」

「あの先生に頼むって話は、まだ社内ではオーソライズされてないんだぞ」

「あ、そうでした。報告を忘れていました。すみません」

「そうじゃない。話を進める順序が違うだろう」

Q

吉田君は、なぜこんな暴走を繰り返すのでしょうか？

❶ 注意力が足りないから。
❷ 自分に見える範囲だけで判断しているから。
❸ 自分勝手で相談せず、独断で進めるから。
❹ 上司の管理やチェック体制が甘いから。

前提条件とルールは解決策を探す前に押さえよう

――前提条件、ルールを無視した問題解決は頓挫する

暴走社員といわれる人がいます。吉田君のように話の進め方の手順を無視してしまう人もいれば、職人のように、ある特定の部分に全精力を傾けて全体効率を無視してしまう人もいます。そういった人たちはまわりが見えず、少々のルール違反や非効率は許されると思っているところがあります。そして、彼らなりの考え方や理屈は、部分的に見ると必ずしも間違ってはいなかったりするので、説得するのもひと苦労です。

しかし、こうした暴走は結局、調整のし直し、トラブルなどを招くので、決して効率的な仕事の進め方ではありません。自分が「一番いい方法」だと思っても、全体を見回して組織としての前提条件や制約条件を守らなければ問題を解決できません。

●この件の決定権限を持っているのは誰か（どの部署か）？
●要求されている品質、コスト、納期（QCD）は？

こういった前提条件やルールは、あらかじめ理解しておかなければならないのです。

A 2

問題を解決する前に、前提条件やルールを把握しましょう!

相手や状況によるルールの変化を見逃さない

いままでの問題解決法には前提条件と問題を解くルールが設定されていることが多かったので、誰でも同じ答えを導くことができました。前提条件やルールが明確だから、与えられた課題に対して機械的に答えを導き出せたのです。

しかし、現実の問題では前提条件が曖昧な場合があります。先生への謝礼をいくらにするか、どのような知識を得たいのか、何時間くらい勉強会をするのかなど、確認しなければならない前提条件はたくさんあります。

また、ルールはテーマや状況によって変わることがあります。とくに新しいテーマに取り組む場合は、関係者間で確認を行うことが大切です。あらかじめルールを把握しておけば、無用なやり直しや組織間の衝突もなくなります。

問題 6

A社とB社は競合する酒造会社です。

現在のシェアは、少しだけA社のほうが上回っています。かつてA社は、日本の市場では馴染みのなかった洋酒やカクテルを商品化して売上を大きく伸ばしました。市場を開拓していく中で培った日本人の味覚についての調査や研究実績が強みとなり、次々と新商品を生み出すというブランドイメージが浸透していました。しかし、ここ10年、シェアはジリジリ下がってきています。

一方のB社は、独自の技術開発を続け、3年ほど前からヒット商品を出しはじめていました。健康志向の商品を開発し、それが消費者にウケはじめたのです。A社がかつて大きく引き離していたシェアも、このままでは数年のうちに逆転されてしまうかもしれません。

そこでA社は経営のテコ入れを図りました。「あくまでもわが社の強みを生かし、豊富な品ぞろえと先進的な商品開発を進めよう」と開発のペースを上げ、多額の資金と人材を投入したのです。しかし、売れ行きは思わしくなく、このままいくと来年にはB社にシェアを逆転されてしまうかもしれない状況です。

Q

A社はどうすべきでしょうか?

❶ 商品開発にさらに資金を集中させる。
❷ 自社の強みを見直す。
❸ 多様な研究開発に力を分散させる。
❹ CMなどの宣伝に力を入れる。

原因と結果を正しくつかめば、あなたの「強み」が見えてくる

――成功パターンは因果関係の中にある

人間には、一度成功した解決方法を無批判に繰り返す傾向があります。同じことをすれば、また同じ結果が得られると考えがちです。これは「学習効果」という人間の素直な心理の動きです。成功体験から学べることは多くあります。成功パターンをつかむことは、競争に勝ち、効率的に仕事を進めるうえで大切なポイントです。

しかし、原因を正しく認識しないと、間違った因果関係を自分に刷り込んでしまいます。それは、環境が変化したときには使えない、限定された「成功の条件」です。

――ソニーがはまった罠とは？

ソニーは1960年代に独自開発した新型ブラウン管「トリニトロン」が大ヒットし、世界トップのシェアを保ちました。しかし、その後の市場の動きを見誤り、薄型テレビへの参入が遅れ業績が悪化。2003年4月には「ソニーショック」といわれ

る株価下落を招き、ついには国内でのブラウン管の生産から手を引くことになったのです。このソニーの事例は、ブラウン管という強みを持つがゆえに、市場の動きへの対応を誤った例のひとつといえるでしょう。また、その後のテレビ市場ではシャープが強みである液晶テレビに投資しましたが、サムスンなどの海外企業にコストで大敗しました。液晶は品質競争よりも、価格競争が勝負の鍵をにぎっていたのです。

人間誰しも、成功体験から来る思い込みにとらわれてしまうことがあります。思い込みを捨てて客観的に見るということは、それだけ難しいことなのです。成功体験はとかく美化されやすく、発想の転換を阻んでしまう可能性があります。これを避けるためには、つねに状況を客観的に捉えることが必要です。かつての強みは、いまでも強みなのか？　顧客はかつて求めていたものを、いまも求めているのか？　自社の強みが時代の要請に合っているのかどうかを、つねに問い続ける必要があります。

A 2

「強み」を生かすことは必要ですが、それがまだ「強み」であり続けているのかどうかを、つねに確認する必要があります！

問題 7

不動産大手企業A社の顧客の中心は、これまでシニア世代でしたが、若い世代を意識し、都心部での高額マンションの開発・販売を行うことにしました。事業部の林さんは、これらの物件の販売のために、インターネットを活用した販促計画を立てました。商品紹介、募集告知などはホームページ上で行い、顧客からの問い合わせなどもEメールで対応。宣伝も従来の新聞広告や折り込みチラシを少なめにしてEメールで行うというものです。

これにより、販促予算は従来より3割安くすることができます。しかし、この案を相談された部長は渋い顔です。

「これ、大丈夫か？　インターネットで商売に結びつく問い合わせが来る保証はない。本当に新聞広告や折り込みを減らしても大丈夫なのか？」

じつは、部長は数年前に苦い経験をしていました。ホームページづくりがブームになったとき、先陣を切ってホームページを立ち上げたのですが、手間もお金もかかるうえに、まったくといっていいほど効果がなかったのです。

Q

さて、部長の考えをどう思いますか?

❶ 経験者が言うことには一理ある。

❷ 部長の話は納得できないが、妥協する。

❸ 失敗の原因はネットビジネスそのものにあるわけではない。論理が飛躍している。

失敗体験は引きずらない！先入観やタブーをなくす考え方

――間違った思い込みに縛られていないか？

タブーは迷信や言い伝えだけでなく、企業の中にも存在します。「ネットビジネスは儲からない」「CRMを入れても情報など共有できない」などです。

いまだにときどき見かけるタブーのひとつに、「うちの会社に情報システムはなじまない」というものがあります。大枚をはたいて情報システムを構築したものの使い物にならず、会社の置き物になっている、という手痛い経験をしている会社では、「情報システムは使えないもの」という思い込みが支配していて、いまでも情報システム導入の話はご法度だったりします。

しかし、失敗の理由は別のところにあります。どんな仕事をさせたいのかをはっきりさせないまま開発に踏みきった、仕事のやり方を見直して標準化することなく従来のやり方をそのままシステム化した、といったものです。これらは典型的なパターンですが、本人たちは、その原因をあらためて認識することなく「使えない」という結論に達し、悪い納得のしかたをして終わってしまったのです。

先入観を捨てればタブーは破れる

失敗当時といまとを比べ、前提条件は同じかどうかを問い直しましょう。前提が違えば、その因果関係は当てはまりません。

失敗体験をタブーにすると、無用なブレーキを踏んで、可能性をみずからつぶしてしまうのです。原因を正しく突き止めるためには、自分の失敗を客観的に見て分析する姿勢が必要です。

先入観や思い込み、慣れを壊すためには、つねに外の世界に触れて、さまざまな価値観や判断基準があることを知る努力が必要です。状況の変化を認識し、思い込みをリセットしましょう。

A 3

失敗について短絡的な考え方をせずに、原因をきっちり考える姿勢が必要です！

問題 8

コンピュータシステム会社で営業マンとして働く大塚君は、ここ3カ月、ある企業に通い続けています。販売管理システムを一新しようとしているその企業に、パッケージソフトを基盤にしたシステム構築を提案しているのです。

その結果、担当者から見積もりを出すようにとの要請を受けました。これまでの商談ではソフトの使い勝手に魅力を感じているようであり、感触は悪くありませんでした。あとは競合相手より安い金額を提示できるかどうかです。これまでの話から、予算を１０００万円前後と見込んだ大塚君は、本来９００万円かかるはずのトータル金額から、なんとか50万円を値引きし、８５０万円の見積書を提出しました。

しかし、返事のないまま2週間が過ぎてしまいました。おかしいと思ってその企業をたずねてみると、受注したのは競合相手のA社だったということでした。担当者の感触がよかっただけに、予想外の敗戦に大塚君はがっかりしてしまいました。しかも、じつはA社はこの企業から１５００万円のシステムを受注していたのです。

Q

A社は、なぜ受注できたのでしょう?

1. はるかに高機能なソフトだった。
2. 担当のセールス力が高かった。
3. 大塚君とはまったく違う画期的な提案だった。
4. 強力なコネを持っていた。

組織やあなた自身の将来を切り開く〝3つの問題意識〟

――課題をこなす人と見つけ出す人

A社の営業は顧客の話から、販売管理の業務フローだけでなく、顧客データベースとの連携にも問題があることに気がつき、そこを解消すれば新たなマーケティングアクションが取れることを見出しました。A社は販売管理業務と顧客データベースのトータルでの提案を行ったのです。大塚君は与えられた課題を解決しただけですが、A社の担当者は顧客の見出していない課題を見つけ出して解決策を考えています。

仕事上の問題は、大きく分けて3つあります。

1つ目は「発生する問題」、いわゆるトラブルです。クレームが発生した、工場のラインが止まった、など突発的に起こります。これは放置できないので必ず問題として取り上げられ、対処がなされます。ただし、その対処は原状回復のためであり、この手の問題を解決しても現状はよくなりません。つまり「守りの問題」なのです。

これに対して2つ目に「発見する問題」があります。「不良品の発生率が高い」などの慢性化した問題です。慢性化した問題は取り上げられなくなる危険がありますが、こうしたところの改善に取り組むと状況をよくすることができます。

3つ目は「創る問題」です。問題というより、「さらなる成長のための課題」というほうがふさわしいでしょう。取り組めば、新しい可能性を生み出すことができます。

――「攻めの問題」で現状が飛躍的に変わる

「発見する問題」と「創る問題」は、取り組むことで現状を変えられる「攻めの問題」といえます。攻めの問題にチャレンジしてこそ、組織も人も成長します。これから求められるのは、将来を切り開く力を持った人材です。現状の事業の枠組みを維持するだけではなく、新しい可能性を生み出せる力が必要です。そしてそのために、攻めの問題を発掘する力と、それを解決する「問題解決力」が必要なのです。

A 3

「守りの問題」よりも「攻めの問題」に取り組み、解決できる人材が、組織を成長させ、自分自身も成長できます！

問題 9

A社は鉄鋼メーカーです。近年、社長は鉄鋼事業だけでの経営に不安を感じはじめ、新規事業を立ち上げて収益の柱を育てることにしました。

しかし、鉄鋼一筋できた社長には、どんな事業を立ち上げればいいのかイメージが湧きません。そこで、経営コンサルタントに新規事業の開発のサポートを依頼しました。

派遣されてきたコンサルタントが経営会議に出席したときのことです。社長は新規事業を本格的に検討するつもりであることを述べ、コンサルタントを紹介しました。そこで、ある経営幹部がこう発言しました。

「わが社の財務状況からいっても、失敗が許される状況ではないですし、ぜひ先生のお知恵を借りて、新規事業を成功させたい。われわれは鉄以外の事業はまったく素人なのですが、どんな新規事業が有望でしょうか?」

しかし、そのコンサルタントは、次のように答えたのです。

「どんな新規事業をやるべきか、私にもわかりません」

Q

なぜ、このコンサルタントはこんなことを言ったのでしょうか？

❶ このコンサルタントには能力がない。

❷ ギャラが安かったので、その程度の知恵しか出すつもりがない。

❸ コンサルタントとはそういうものだ。頼ろうとするのが間違っている。

目的を達成する「答え」はいくらでもある！

「正解ではない＝失敗」とは限らない

コンサルタントとは、「どのように課題を設定すればいいのか」「どのように選択肢を探して評価をするのか」、その手順と方法に長けている人種です。決して魔法の杖のように、いきなり解決策を出してくれるわけではないのです。

ビジネスには「正解」や「間違い」はありません。あるのは「成功」か「失敗」かです。多くの利益を出す効率のよいビジネスがいいビジネスで、赤字垂れ流しのビジネスは悪いビジネス。それだけです。それなのに、どこかに正しい答えがあり、それを知ることですべての問題が解決すると思っている人が多くいます。

問題には「クイズ型問題」と「パズル型問題」がある

問題には、クイズ型問題とパズル型問題の2種類があります。クイズ型問題には正解が存在し、その正解は、たいていひとつです。ハウツーを知っていれば解決することができる類の問題です。こういった問題は、知識の量で勝負することができるので比較的やさしく、知っている人に聞いたり、本やセミナーで知識を仕入れたりすれば解決できます。

しかし、現実の社会ではパズル型問題のほうが多く発生します。パズル型問題とは、自分で問題をつくって、自分で解決するものです。課題を自由に設定できる代わりに、決まった正解はありません。問題のつくり方によって答えが異なるので、正解というより、「解」といったほうがいいでしょう。しかも、解はひとつではなく、複数存在します。

たとえば、「年間で利益を10%増やすにはどうしたらいいか」という問題では、いくら知識や経験があっても、それがそのまま「解」になるわけではありません。何をテーマに選ぶかで解となる選択肢は変わりますし、何を目標にするかによって、どの選択肢がいいかという評価も変わってきます。

一番いい解決法を選ぶには、複数の解（選択肢）の評価をして選ぶという過程が必要になります。つまり、解をひとつだけ探すのではなく、代替案を作成し、最もよいものを評価して決定するのです。これが、パズル型問題を解決する基本的な流れになるのです。

A

3

パズル型問題は正解を探すのではなく、
代替案を作成し、最もよいものを選択しましょう!

STEP 2

問題を発掘しよう

問題 10

S高校野球部の主将である高橋俊介には、多くの悩みがありました。

まず、弱いことです。練習試合ですら、ほとんど勝てたためしがありません。部員にも勝とうという意気込みがなく、「とりあえず野球ができればいいや」というのんびりした雰囲気です。

そして致命的なのが、野球部の人数が減り続けていることです。ほかの部に頼んだ助っ人が活躍して勝ったりすると、レギュラーのメンバーはかえってやる気をそがれ、練習にも気合が入らなくなってしまいます。

まさに悪循環です。

部の強化のためには、新入生の勧誘しかありません。

しかし、実際に集まった入部希望者はたった2人……。

このままでは廃部の危機です。

主将の俊介

- ●勝てない
- ●やる気が出ない
- ●人数減少
- ●入部希望者不足

Q 八方ふさがりの俊介は何をすべきでしょうか？

1. 問題は人数不足なので、勧誘を続ける。
2. 人数が足りないことが問題なのか、勝てないことが問題なのか、よく現状を確認してみる。
3. 新入部員の勧誘とメンバー強化の両方を並行して進める。

スムーズな問題解決は「問題発見」から始まる

――問題はひとつでも、問題点はいくつもある

通常、人間は「なんとかしなければ」と問題を漠然と感じている段階で「自分は問題を認識している」と思っています。しかし、この段階では問題の存在に気づいているにすぎません。原因がどこにあって、ほかにどんな問題と関連しているのかまで見えているわけではありません。認識が曖昧なまま問題解決に着手しても、表面的な対処に終わり、根本からの問題解決はできないのです。学校の問題やクイズ問題が解きやすいのは、あらかじめ「これが問題だ」ということがわかっていて、あとは問題解決のルールを当てはめてやれば、すぐに正解を導き出すことができるからです。

――解決の前に、まず「問題発見」を

しかし、現実社会の問題は、明確に「これが問題だ」という姿をしていません。よほど大きな問題やトラブルなら誰の目にも明らかですが、発見する問題、創る問題と

A
2

まず「対処すべき問題は何か」をはっきりさせる「問題発見」から始めましょう。

なると、そもそも何が問題かをはっきりさせるところから始めなければなりません。

一見、問題だらけのような状況でも、一つひとつを見ていくと、ある問題が別の問題を生み出していたり、問題だと思っていたことが原因だったりと、相互に関係を持っていて、対処しなければならない問題点の数は見た目よりずっと少なくなります。

しかし、じつは何を解決すればいいのかという「課題」を導き出すこの過程が最も大切なのです。問題点を洗い出して原因を探るだけでは「課題」までたどり着くことはできません。情報を集めたり、現状を分析したり、解決に少し着手してやっと見えてきたり、という段階を経て、ようやく「解決すべき問題」にたどり着くのです。

何が問題かということをいったん発見してしまえば、あとは比較的スムーズに進みます。解決に至るまでの作業は大変かもしれませんが、無用な試行錯誤を繰り返すリスクはぐっと減ります。

問題 11

野球部主将の俊介には、もうひとつ悩みがあります。いままで監督だった熱血漢の体育教師が4月に転勤し、牧野という若い新任の物理教師が後任になったことです。野球未経験の女性で、とても監督としての技術指導は望めません。

危機感を覚えた俊介は、野球の技術を自分たちで磨いていこうと決意します。まずは練習の強化のため、これまでの放課後練習に加えて週2回、授業前の朝の練習（朝練）を行うことにしました。ところが、2週間ほどたって、一部の部員が「なぜ、朝練が必要なのかわからない」「勉強と両立できない」などを理由に、部をやめたいと言いだしたのです。

朝練といっても週2回、いつもより1時間早く学校に来るだけのこと。主将の俊介は、そんなに負担をかけているつもりはありません。それに、新監督の牧野を見ていてなんの危機感も持たない部員がいることに、俊介は落胆してしまいました。

週2回の朝練がきついと感じる者も平気な者もいて、新監督が問題だと感じる者もそうでない者もいます。

Q

**何を問題とするかが
人によって違うのはなぜでしょうか?**

❶ やる気のレベルが違うから。
❷ それぞれ個人の資質が違うから。
❸ 期待する水準が違うから。
❹ 問題意識の高さが違うから。

問題はメンバー全員で共有しよう

人間が「問題」と感じるメカニズム

人間は、比較することで問題を感じるようになります。自分の期待と現実の「食い違い」に気がついたとき、「これは問題だ」と感じるのです。

たとえばスーパーで100円の大根が店頭に並んでいたとします。この店だけを見た人は「安いな」と思って買っていくでしょう。しかし、直前に別の店で90円の大根を見た人は「高いな」と思い、手を伸ばすのをためらうはずです。一度、90円という値段を見たあとでは「90円で大根を手に入れられるのが最も望ましい状態だ」と思うようになり、100円の大根しか手に入れられない状況は「問題だ」と感じるようになるのです。このように、問題とは、期待として描いている「あるべき姿」と「現実」とのギャップから生まれるものなのです。

「あるべき姿」のズレ

人によって「期待値＝あるべき姿」が異なりますから、同じ現実を見ていても、問題に感じたり感じなかったりします。組織の中で問題意識にズレがあるケースでは、「現実」に対する認識のブレも齟齬《そご》の原因になりえます。とくに会社の経営や、組織の運営状態など、物理的に目に見えないものの認識はブレやすくなります。たんに「同じ職場にいるから」というだけの認識は一致するとは限らないのです。

問題解決で挫折してしまうケースを見ていると、一部の人は大きな問題を感じて一所懸命に取り組もうとしているのに、一方ではまったく問題を感じていないか、感じていても問題意識が希薄という状態をよく見かけます。

組織の中で問題意識を共有しなければ、問題解決には取り組めません。問題を問題だと感じていない人に対処させることはできないので、問題の共有が出発点になります。これを差しおいて、すぐに解決策に飛びついてはいけないのです。

A

3

①、④も可。問題意識を組織内で一致させることが、解決への出発点となります。

問題

12

朝練をやめるのか、続けるのか、緊急ミーティングが開かれました。

朝練を拒否した部員に対する攻撃と非難、朝練反対派の主張……それぞれの立場から真剣な発言が続きます。

繰り返される議論に、みなが少し疲れて言葉が途切れてきたころ、じっと話を聞いていた新監督の牧野が口を開きました。

「今日の話を聞いてみて、みんながいろんなことを真剣に考えているのはわかったわ。でも、議論が堂々めぐりになってない？　朝練だけの問題じゃないわよね。このままじゃ先に進まないわ。まずは、（A）を考えたら？」

Q

**さて、牧野は(A)で、
なんと言ったのでしょうか?**

❶ 自分たちがどうありたいのか
❷ どんな練習をしたらいいのか
❸ いますぐ手をつけられることは何か

「共通目標」があれば議論が前に進み出す

――「あるべき姿」を一つにする重要性

組織の問題を解決するためには、メンバーが問題意識を共有しておく必要があります。問題意識がバラバラのまま有志だけで進めても、問題を感じていない人は動かないので、それが新たな障害となってしまうのです。問題を解決する前には、メンバーが同じ事象を「問題」と認識しなければなりません。そのためには「あるべき姿」を確認することが必要なのです。

「あるべき姿」は会社全体の共通目標となります。会社のすべてのエネルギーは、この共通目標に投入されなければなりません。「あるべき姿」を達成するために、プロジェクトが組まれたり、利益などの数値目標が設定されたりします。

数値目標はあっても、たんなる計数計画だけでは、「あるべき姿」としては不十分です。何をめざして努力するか、それは非常に大切なことです。最終目標だけでなく、何をめざして仕事をすればいいのかの判断基準もないと、組織は迷走し始めます。

朝令暮改に振り回されている会社は「あるべき姿」を見失っています。競合他社や顧客に振り回され、試行錯誤の連続になっている結果、トラブル対応ややり直しに追われ、毎日が忙しくなります。しかし、よく見ると、同じところをグルグル回っているだけ、ということになってしまうのです。

〝ちょっと高め〟の目標がやる気を高める

企業でも個人でも、「あるべき姿」は少し高めに設定するのが理想です。メンバーが前向きに取り組めるような意欲をかき立てるもの、志として機能するものがよいでしょう。織田信長が天下統一をめざして掲げた「天下布武」、あるいはソニーの「日本再生」などはよい例です。志を掲げるだけでなく、明確にコンセプトを提示することも大事です。組織における目標の共有化には「あるべき姿」が欠かせないのです。

A 1

問題意識を共有するためには「あるべき姿（最終目的）」を確認することが必要です。

問題 13

激しい言い合いで熱くなっていた部員たちも、少し時間をおくと多少の余裕が生まれました。なかには牧野の「どうありたいのか」という問いかけを思い出す者もいます。

言われてみれば「もっと打率をあげたい」などという自分の目標については話をしてきましたが、「どんなチームになったら、自分たちは野球部に満足できるのか」ということはほとんど話したことがありませんでした。

どうすれば練習が楽しくなるのか。どうしたらおもしろいと思える野球部になるのか。ただ強ければそれだけでいいのか。ただ楽しければそれだけでいいのか。

それがはっきりしていないことに気がついた俊介は、次回の練習をミーティングにあてることにしました。そこで部員たちの出した結論は、「個人もチームもともに成長しているという実感の持てる野球部であること」、これが皆の望むチームの姿であるということでした。これを、「あるべき姿」としました。

「それじゃ、成長してるっていう実感を持つためには、何が必要なんだろう?」

俊介のこの問いかけに、部員たちの意見は割れました。

「やっぱり、基礎トレーニングだろ。基本がないと成長の持続はできないぜ」

「結局、朝練かよ。カンベンしてくれよ？」

「いや、俺が思うにうちのチームはバッティングのセンスが悪い。丁寧にバッティングの技術を磨いたほうがいいんじゃないか？」

「お互いにライバル意識を持つことも大切だと思うよ」

「何かに打ち込むっていう感覚が必要じゃないかなあ」

　議論していく過程で、皆の意見はまた割れてしまいました。

Q

俊介は、
次に何をすればいいのでしょうか？

❶ とりあえず試行錯誤をすることも必要だ。いろいろな意見に従って実行してみる。

❷ 全員の納得する方法を、話し合って決める。話し合いで決められなければ多数決を取る。

❸ できていること、できていないことを、見極める。

誰かの「判断」と客観的「事実」を区別しよう

現状認識のブレをなくそう

「あるべき姿」が共有化できた時点で意識の共有化もできたように思ってしまいがちですが、ここですぐに解決策に飛びついてはいけません。基本的な情報をきちんと押さえておくことが問題意識のズレを防ぐのです。

現状認識がバラバラだと、この野球部のように意見がかみ合わずに終わってしまいます。問題は「あるべき姿」と「現実」とのギャップから生じるため、現状認識でメンバーの間にブレがあると、それが問題意識のズレを生み出します。

現状がわかっているか、と問われると、「いま、自分たちがどういう状況にあるかぐらいわかっているよ」と思ってしまいます。しかし、実際には、見えているようでも、いざ聞かれると、現状を正しく認識できている人は少ないのです。

「事実」と「判断」を区別する

A 3

「あるべき姿」と同様、メンバー全員が「現状認識」を共有することが必要です。

現状を把握するときの注意点としてもうひとつあげられるのは、「事実」と「判断」を区別して認識しなければならないということです。人間はいつも自分なりのフィルターを通して現実を把握していますから、同じものを見ても感じ方や判断が異なります。判断の中には事実からの推定も含まれますが、これは事実ではありません。

普段、人間は事実と判断をあまり区別せずに使っています。人に何かを伝えるときも、事実と判断が混ざった話し方をしたり、どこからどこまでが事実なのかがわからない文章を書いたりする人がたくさんいます。

事実と判断を区別して認識しましょう。また、人に伝えるときも、どこからどこまでが事実で、どこからが判断になっているのかを正しく伝えましょう。その際、数値化できるものは極力数値で表現すると、曖昧さがなくなって事実を認識しやすくなります。これが正しい現状認識の第一歩です。

問題 14

「まずは自分たちが、いま、どのレベルにいるのかを知ろう」。そう考えた部員たちは、それぞれ気づいた問題点を出し合いはじめました。この様子を見た牧野は、ミーティングで自分たちの問題点を出し合い、記録するよう俊介にすすめました。

最初のうちは「弱い、勝てない」「新入部員が入ってこない」など、誰でもわかっている問題点ばかりでしたが、牧野が「どんなレベルの低いことでもいい、問題点をたくさんを出すのがいい」と言ったため、「かわいいチアリーダーがいない」「マネージャーが怖い」といったものまで、最終的には１００項目ほど挙がりました。本音を出し合ったせいか、部内に笑いが起こり、わだかまりがだんだん消えていきました。

やがて、どう考えてもダブる項目が出てきはじめ、部員たちは自然と似たもの同士を並べ替えて問題点を整理しはじめました。

「問題だらけだな。こんなにたくさん、どうすればいいんだ？」

Q

**さて、俊介は、
次に何をすべきなのでしょうか？**

❶ まず項目ごとに解決策を考える。

❷ 対処しやすいものを見つけ、そこから手をつける。

❸ 問題点の相互関係を考える。

問題点を出し尽くすブレーンストーミング

――いま見えている問題は氷山の一角かもしれない

問題は、大きく見えるものが重要とは限りません。むしろ、重要な問題の多くは隠れています。解決の最中にもっと重要な問題が出てきてやり直しが発生するという事態を避けるためには、まず、問題を洗いざらい出しきることが一番の早道です。どんなにつまらないことでも、とにかく判断や評価はあと回しにして、考えられる問題をいったん徹底的に出しきることに集中します。

この手法は、ブレーンストーミングという会議の進め方です。通常は新商品開発のアイデア出しなどに使われますが、意見を出し合う過程で現状認識やあるべき姿の共有ができるので、問題発掘にも大変有効です。また、問題を言い尽くすことで「ガス抜き」ができ、一緒に解決しようという前向きな気持ちが生まれる効果もあります。

ブレーンストーミングをやると、問題の数は増えますが、対処できる数には限りがあるので、効率的に進めるには、問題を整理してから取り組まなければなりません。

重要度評価と分類で問題点を整理しよう

野球部のケースはそれほど複雑ではないため、単純に問題点の分類（グルーピング）で整理を行っています。しかし、実際のビジネスの場面では、「重要度評価」と「分類」の2つを実行することをおすすめします。重要度評価は、優先順位をつけていくうえで大切です。重要度評価をメンバー全員で行えば、「何が重要か」を全員が確認することができ、意識の共有化につながります。

ブレーンストーミングでは、記録が必須です。問題点の洗い出しにしろ現状把握にしろ、頭の中だけで「こうするとこうなる」「この原因はこれだ」と考えても、無意味にアイデアが放散します。これを防ぐためにも、現状分析は数値や文章で明確化する、列挙された問題点についても記録していく、ということが必要になります。

A 3

問題点を把握しただけでやみくもに対策に着手しても、モグラたたきになります。問題を整理して重要度の高いものを見つけましょう。

問題

15

整理された問題点を眺めているうちに、俊介は、「これが解消されれば、こっちの問題は自然消滅する」という関係に気がつきました。

たとえば、「負けるたびに気持ちがめげて、やる気が失せる」という問題は、勝てば自然消滅することです。また、「勝てない」という問題は、技術が向上すればかなり軽減されるはずです。つまり、因果関係が存在するのです。そこに気づいた俊介たちは、根本的な問題は「場所」「時間」がきっかけで始まり、「スキル」「判断力」が重要なポイントになっていることを見出しました。

そこで、「チーム練習ができない」「スキル・判断力の向上」という2つの大きな課題を解決すると、状況がかなりよくなることが期待されました。

しかし、どうやって広い練習場所を探せばいいのでしょうか？　高校生の俊介たちには、できることとできないことがあります。広い場所を確保するという話は現実的ではなく、またしても行きづまってしまいました。

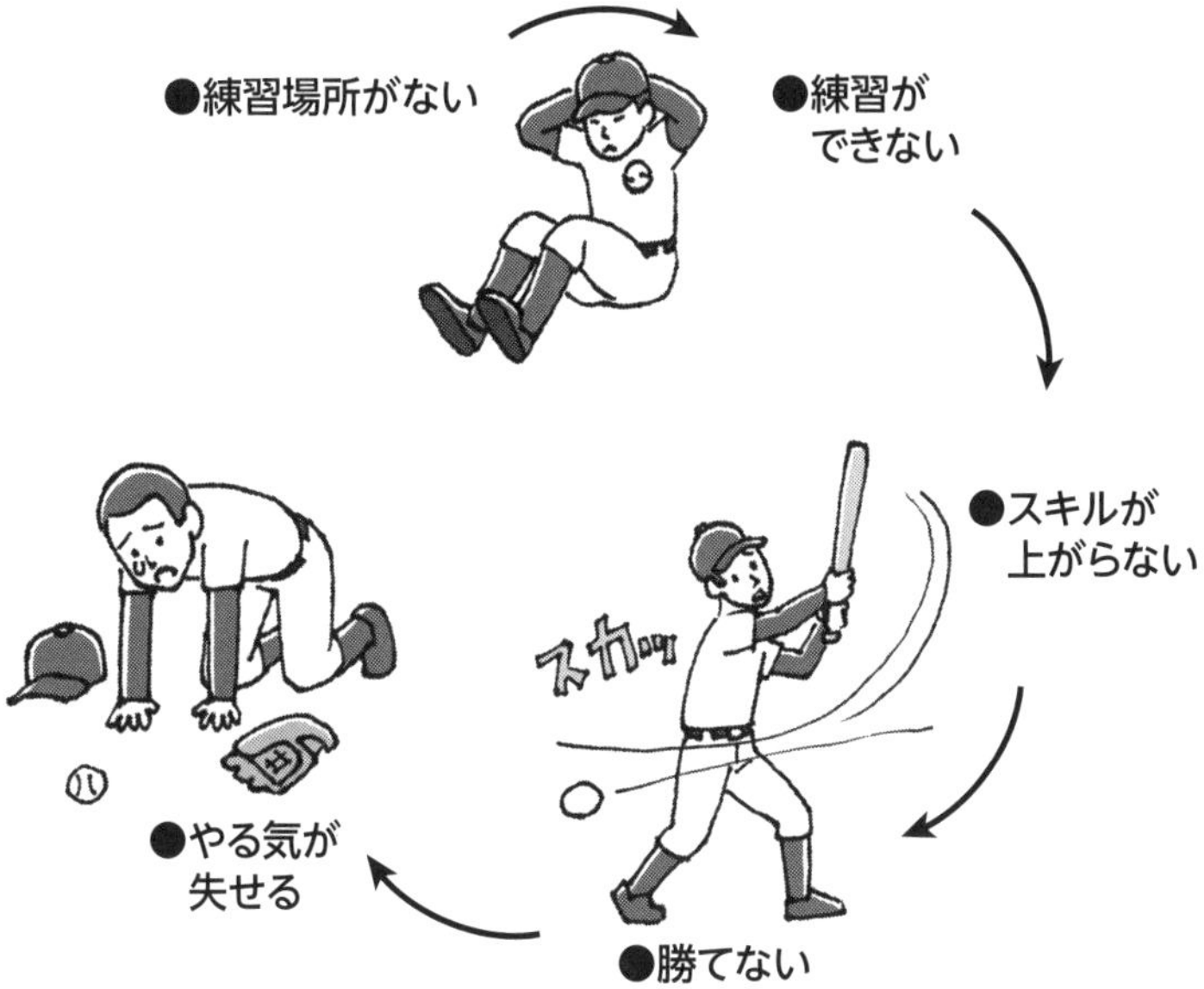
●練習場所がない
●練習が
できない
●スキルが
上がらない
スカッ
●勝てない
●やる気が
失せる

Q

さて、俊介たちはどうすればよいでしょう？

1. 現実の解決策が考えるために「いま、自分たちにできること」を一覧表に書き出してみる。
2. 教師の牧野が対処すべきだ。
3. 練習場所の狭さが問題だろうか。問題発生の原因を、もう一度深く掘り下げて考えてみる。

「原因」にさかのぼるだけで有効な解決策が浮かび上がる

――原因を無視した対策は時間とコストの浪費

多くの人は、原因を考える前に対策を考えてしまいます。うまくいかないと、やみくもにやり方を変えてみたり、やらなくてもいいような大がかりな対策に走ってしまったりします。身近な例でいえば、家電製品の調子が悪いときに「たたいてみる」「電源を抜き差しする」などしてしまった経験はないでしょうか。

しかし、こうした行動は最近ではあまり役に立たず、かえって内蔵のコンピュータを損傷したりして、致命傷になってしまうこともあります。

原因を考えずに対策を先に考えると空振りが多くなり、時間とコストの浪費になってしまいます。対策を考える前に原因を究明する習慣をつけましょう。

――「問題点の裏返し」をなくすには

原因を調べずに短絡的に導き出してしまう解決策のひとつに、「問題点の裏返し」

があります。「売上が伸びないから、売上を伸ばそう」といったパターンです。

こういう考え方をした場合、「とにかくがんばろう」という体力勝負の解決策に頼ってしまいがちです。しかし、これではなんの解決にもなりません。

野球部の問題にしても、「広い場所がない」から「広い場所を探す」というだけでは、有効な解決策にはなりません。

問題点からいきなり解決策に飛ぶと、「問題点の裏返し」の解決策しか出てきません。この飛躍をなくし、確実に原因究明を行うには、「問題点――原因――解決策」を一覧表にして整理するといいでしょう。原因究明がなかったり曖昧だったりすると、効果的な対策は立てられません。

A 3

問題点から解決策への飛躍をなくし、原因究明を踏まえた有効な解決策を見つけましょう。

問題 16

野球部にとって、大きな問題点のひとつは「場所の問題」、つまり、チーム練習が十分にできるような広いスペースを確保することができないということだとわかりました。

「どこかに広い場所はないかなぁ」

「どっかのグラウンドでも借りるか？」

「金かかるんじゃねーの？　誰が払うんだよ」

もっともな指摘で意見が出なくなったのち、牧野が口をはさみました。

「なんでいまの狭い場所で練習することになったのかしら？」

「そりゃ、運動部が複数あるからですよ。野球、サッカー、ラグビー、陸上の４つの部に、それぞれ決まった練習日が割り当てられているからですよ」

「なんで決められているのかしら？」

「それは……あんまり考えたことがないけど……」

「えーと、４つの部がそれぞれ週３日ずつ練習できるように調整するとなると、土曜日を含めても、１日に２つの部が練習しなきゃいけない。そういうことじゃないかな」

「あ、じゃあ、調整しなおしてもらうってことはできないのかなぁ、先生?」

「でもさ、野球部がスペースを広げるために調整しなおしてくれって言ったって、ほかの部がだまっちゃいないだろ。まずいんじゃない?」

議論によって、「チーム練習が十分にできるような広いスペースを確保することができない」という問題点の原因や背景が少しずつ整理されてきましたが、俊介たちはまだ解決策を出しあぐねているようです。

Q

**あなたなら、彼らに
どんなアドバイスをするでしょうか?**

❶ 自分たちに可能かという視点で現実的な解決策を練るのがいい。

❷ 前提から飛躍しても、いろいろなアイデアを出し、「あるべき姿」に近づく方法を考える。

❸ 手当たり次第にいろいろ考えないほうがいい。

前提条件やルールを取り払うと現状打破のアイデアが生まれる

「発想」と「評価」の2段階に分けて進めよう

解決策を出すときは、最初から一番いい方法を考えようとしてはいけません。また、考えるはしから「やっぱりムリだ」と否定してしまうのもいけません。アイデアを評価しながら出していくと、現状の延長線上の解決策しか見出すことができなくなってしまいます。まずは、考えつく解決策をどんどん出していくことに専念しましょう。その中から一番いい方法を選ぶのです。解決策のアイデア出しと評価を分けて進めることが、最終的な解決策の向上に役立つのです。

問題を解決する場合、現状の延長線上で考えていても効果的な解決策は見つかりません。

既存の枠を取り外してあらゆる可能性を考えよう

すべてのルールや制約条件を外してみて、ゼロベース（既成概念を外してゼロから考えること）で考え、さまざまな可能性を追求してみるといいでしょう。

野球部のケースでいえば、問題は「チーム練習ができない」ということです。この問題の前提には、「平日の放課後、ほかのクラブと場所を分け合いながら練習する」「練習は校庭で行う」「練習日は先生たちが決める」といったことがあります。これらの前提を取り外してみると、「近隣のグラウンドは使用できないか？」「校庭を分け合わずに練習できるように、練習日を調整できないか？」「練習日を生徒自身で調整して決められるように変えられないか？」といったことも考えられるようになります。

もちろん、現実に可能なこと、不可能なことの両方が出てきますが、「現状の打破」のためには、既存の枠組みを外して、あらゆる可能性を洗い出さなければなりません。出しきったうえで、実行可能で、効果的で、安価な（手間のかからない）解決策を選び出していけばいいのです。

A 2

解決策を考えるときは、これまでの枠組みを外して考えます。また、ひとつだけではなく、たくさんのアイデアを出して解決策を練ります。

問題

17

「いつも校庭を半分ずつ分け合って使っているラグビー部だって不便を感じているのではないか？　それなら、いっそのこと校庭練習を週2日に減らし、その代わり1日だけは校庭を全面的に使えるようにしよう。減らした1日は、校外のランニングや、屋上を使った小規模なトレーニングなどにあてる。これなら週1日はチームプレーの練習ができる」

議論の末、野球部員たちがたどり着いた解決策です。

牧野は、すぐにでもラグビー部に掛け合いに行こうとする俊介を引き止めて、「何をすべきか」を書き出させました。すると、この提案を実現させるまでにやらなければならないことが多数あります。俊介ひとりで全部やるのは無理だと気づき、部員全員で、どの仕事を、誰が進めるのかを相談しました。

分担が決まり、ようやく部員たちも自分が何をすべきかがクリアになってきたと感じています。部員たちがそれぞれの立場で考えるようになってきたのです。2週間ばかり練習そっちのけで議論に時間を費やした野球部も、具体的に動きはじめました。

Q

牧野が次の段階として、
部員に提案したことは何でしょうか？

❶ 全部員のメーリングリスト作成

❷ 2週間のブランクを解消するための集中特訓

❸ プロ野球選手が行っている練習メニューの研究

解決策を実行するうえで気をつけておくべきポイント

――やるべきことを事前にリストアップする

解決策が見つかっても、即座に動きだしてしまうと、組織としての行動にはなりにくいものです。やるべきことをあらかじめ洗い出しておかないと、やっている途中で気がつき、そのときには仕事がいっぱいで手が回らない、ということになりがちです。

担当は、すべての仕事を洗い出したあとに決めていきましょう。洗い出しながら担当を決めていくと、言いだした人が担当ということになりがちで、一部の人間が仕事を抱え込むことになってしまいます。責任の所在も不明確で、新たな案件が発生したときに、誰がどう対処すべきかもわからなくなってしまうのです。

問題解決の実行段階では、さまざまな想定外の事態が発生する可能性があります。想定外の事態が発生すると、その後の作業は軌道修正を迫られることになります。

軌道修正をするために、メンバーは現在どう動いているのか、その経過を知っておく必要があります。情報共有にはメーリングリストが非常に有効です。経過報告などを全部員に送信しておけば、ほぼリアルタイムで状況を把握できるでしょう。仮想ミーティングのような効果があります。

――これで未経験の状況も怖くなくなる

問題解決の知識とスキルは、決して天性のものではなく、学んで実践することで身につけることができるものなのです。野球部の例でも、実際に問題解決に当たったのは部員たち自身です。また、監督の牧野は、野球の専門知識がほとんどなくても、実に効果的なサジェスチョン（示唆）を与え続けました。

牧野が持っていたのは「野球技術を指導する知識」ではなく、「最短距離で問題を解決するには、どう進めればいいのか」という知識とスキルです。問題解決のスキルさえ身についていれば、未経験の状況でも困難を打破することが可能なのです。

A 1

解決の実行段階では、現状把握を共有していくことが重要になります。

STEP 3

問題をはっきりさせよう

問題

18

化粧品メーカーのA社を取り巻く環境は厳しいものがあります。ここ数年で売上はジリジリと下がり、ついに今年は赤字スレスレの状態まで落ち込んでいます。化粧品事業だけで生き残ることがむずかしくなったと判断したA社は、健康食品事業に乗り出すことに決めました。昨今の健康ブームや、ドラッグストアなどの流通チャネルが活用できることなどが参入の決め手となったのです。

ところが、実際に製品をつくって売り出してみたところ、さっぱり売れません。いまや膨大な在庫の山となり、経営をさらに圧迫しています。

Q

A社が下向きのスパイラルから抜け出せなくなってしまった理由は何でしょうか？

1. 発売前に顧客の反応を探っていない。
2. データなしに新事業へ参入したのが問題だ。
3. 問題と対策が飛躍している。そもそも業績不振という問題の原因を考えないで、思いつきで新規事業をやること自体が間違っている。

慎重な「問題発掘」が解決のプロセスを短縮する

あわてて解決策に飛びつかない

解決策にすぐに飛びつくと、いつの間にか「解決策ありき」となり、今度は解決策を正当化するためのデータや理屈を見つけてくるようになってしまいます。しかし、十分な評価がなく決定された解決策は、本当にいいのかどうかという検証がされていないため、成功の確率が低いのです。

問題を解決する手順は、大きく分けて2つのステップで構成されます。

まずは「問題発掘」の段階。解決すべき問題は何かを明確にします。料理でいえば、何をつくるかを決めて、材料を調達してくるまでのステップです。

次が「問題解決」。実際に解決策を考えるのはこの段階です。料理の下ごしらえから盛りつけまでのステップです。

先に時間をかけるべきポイントは「問題発掘」

A 3

複数の問題が混在している状況では、いまの問題が何かを考えなければ対処できません。まず「問題発掘」のステップに時間をかけましょう。

複雑な問題の解決に成功した人と失敗した人の行動を見ていると、成功した人は問題発掘のステップにより多くの時間をかけています。どんなに忙しくても、ちょっと立ち止まって考えているのです。

問題発掘から解決までのトータルの時間で見ても、問題発掘に時間をかけた人のほうが短くてすみ、その成功率も高くなります。忙しくて立ち止まって考える暇などない、考えたりしていたら「仕事をしろよ」とハッパをかけられる、という人もいるかもしれませんが、的外れの努力をするよりは立ち止まったほうがましです。

ちょっと立ち止まって、これからどうすればいいのかを考えるだけで、その後の仕事の効率はぐんと変わってきます。いい仕事をするためにも、立ち止まって、取り組むべき課題は何かをじっくり考えることが必要なのです。

問題 19

Ａ小学校のＰＴＡは、各家庭から集めた会費をもとに運営されているのですが、この年は児童総数が少ない割に、６年生が例年より多くいます。当然、来年は収入は減り、出費は増えるということになります。

そこで会長は会費値上げの説明とお願いをする文書をつくるよう広報担当役員に指示しました。一方の副会長は、会長の動きを知らずに経費を切り詰める指示を会計担当にしていました。

また、その後、学芸会担当の役員が多額の運営資金を使ってしまいました。聞けば、子供たちの自由研究発表のための材料費やもろもろの費用がかさんでしまったとのことです。

これでは、今年の６年生に渡す卒業記念品はずいぶん見劣りのするものしか購入できません。卒業記念品の手配を担当する役員は、すっかり怒ってしまいました。

Q

さて、混乱して問題を発生させてしまったPTA、何が一番の原因でしょうか？

1. 問題と解決方針について共通の認識がなく、こまめな連絡を取り合っていないのが悪い。
2. 誰も悪くない。みんな一所懸命やっている。
3. 予算が少ないのがそもそもの問題だ。

前提を「共通の認識」にしてトラブル回避

問題意識を共有できない原因

各メンバーの間で、「あるべき姿」、「現状認識」が明確に共有されないと、こうしたちぐはぐな動きを生んでしまいます。「あるべき姿」が明確でないのは、企業では、経営方針や中期経営戦略がないケースです。「こういう会社にするぞ」という方向性がなく、利益目標やノルマの数字だけが掲げられている場合もこれに該当します。

また、「現状認識」も明確に共有しておかなければいけません。同じ職場で働いていれば、現状認識が共有できるわけではありません。同じ事象を見ていても人により判断は違うからです。さらに両方が欠けてしまうと、一人ひとりは考えて仕事をしているのに、全体としてまとまった動きができないという状態になってしまいます。

現状認識には、数値が一番

問題点を共有するためには、現状を正しく把握することが必要です。そのためには

A 1

「共通認識」がないと、問題への対応が人によってバラバラになってしまいます。

なるべく定量化できるところは、定量化したほうがいいのです。数値で表現すると、曖昧さがなくなり、認識のブレがなくなります。

過労気味で死にそうだという状況を伝えようとしても、「忙しくて、残業が多すぎて、とてもやりきれません」では、上司はうんうんと言いながら聞いていても、内心では（こいつは、もう少しいける）と判断しているかもしれません。この場合は、「営業資料作りに最低でも1日3時間、週では20時間程度かかっています。残業も平均で毎日5時間発生しています」と数字を使い、曖昧さを排除して明確に伝えることです。

また、数字にすると、自分でも気がつくことがあります。たとえば、自部門のひとりあたりの売上利益や、製品別や顧客別の売上を把握しているかなどです。漠然と「知っている」と思っていることでも、数字を聞かれると答えられなかったりします。そんなとき、自分の現状認識の曖昧さに気がつくことになります。

問題 20

A社はX県内でホームクリーニングサービスを手がけてきた企業です。さらに市場を広げようと考えた営業部長は、近隣のY県を進出先として考えられるかどうか、部下の田中君に調査を命じました。田中君はかつてはマーケティング部門にいたこともあり、「リサーチができる人」として評価されています。

しかし、指示を受けた田中君は、調査を開始したものの、なかなか結果を提出しません。通常の営業活動と並行して調査をしているのだから、少々時間はかかるだろうと大目に見ていた営業部長も、2か月が経過するに至って田中君を呼び出しました。

営業部長が問いただしたところ、田中君は決してサボっていたわけではありませんでした。現在の調査結果だと言って、B4用紙で100枚以上に及ぶ資料を見せたのです。田中君が、「まだまだデータが不足しています。もっと詳しい調査をする時間をください」と言うと、営業部長は、「何をしているんだ！　競合相手のB社は、Y県だけでなくW県にもどんどん拠点をつくりはじめているぞ！」と怒鳴りました。

Q

さて、いったい何が悪かったのでしょうか？

1. どの段階の調査か理解していない。
2. 使わないデータをまとめるのはムダなので、事前にどの程度の調査が必要か確認すべき。
3. 判断するうえでデータは不可欠なので、やはり調査は必要だった。

迅速な「プレリサーチ」で問題の全体像をつかもう

―問題点の存在を浮き彫りにする「プレリサーチ」

問題を設定しようとするとき、手元に何も情報がないと、考えるのがむずかしくなります。考えるためには現状や問題点の概要が必要になります。その基本的な情報を得るためにプレリサーチ（事前調査）をするのです。これは「その問題を、問題として設定するかどうか」を判断するために行うので、詳細な分析は必要ありません。むしろ、簡単であっても概要が押さえられていて、なおかつ迅速に行うことが鉄則です。詳細データにのめり込んで、調査のための調査になってしまってはいけません。

設問のケースでは、営業部長は「Y県への進出を検討すべきか」ということを知りたかっただけです。簡単なリサーチで「進出を検討するに値するか否か」の感触が得られれば、それで十分だったのです。進出を検討することになった時点で詳細なマーケットリサーチを行い、実際に進出するか否かを判断すればいいのです。営業部長は、「Y県は有望でない」と判断できれば、さっさと別の市場を探したかったのです。

A
1

プレリサーチの目的は、問題に取りかかる前に迅速に全体像を把握することです。

――全体像をつかむには大雑把な数値が有効

まず、詳細な情報の収集から取りかかるのではなく、全体を大雑把に把握するための切り口をはっきりさせましょう。まとめやすくなり、不要な調査が減ります。

ただし、プレリサーチの結果は基礎データとして使用するものですから、なるべく数値を使って把握します。また、問題解決の場合なら、「たしかにこの問題は存在する」という裏づけにもなりますから、数値化されているほうが判断しやすくなります。

このケースでいえば、Y県の世帯数や人口の増減、平均所得や、どんな家族が多いのかという傾向を数値データとしてつかんでおけばいいでしょう。ほかに押さえておきたい点としては、同業者がどの程度存在しているのか、競合するサービス内容や価格はどうか、Y県独自の条例や規制がないかどうか、などが考えられます。

問題 21

テレビアニメのプロダクションA社。かつては爆発的な人気を誇るキャラクターを2〜3年おきに出し、その番組放映やグッズ販売で収益をあげてきた会社ですが、ここ5年ほどヒット番組がありません。

これまで新番組の企画は担当者が思いついたときに提案していましたが、低迷を抜け出すために企画会議を開くことにしました。担当者それぞれにアイデアをまとめさせ、会議の場で発表する形式で、一気に現状を打破できるアイデアを出すことを狙ったのです。

しかし担当者が順番にアイデアを発表していきましたが、どの案もプロデューサーの目から見ると小ぢんまりしていたり、過去の番組の焼き直しだったり、パッとしないものばかりです。会議もぎこちない雰囲気で、発言も少なく、手ごたえのないまま終わってしまいました。

Q

なぜ、アイデアが
出てこなかったのでしょうか？

❶ 会議で発言することに慣れていないから。

❷ 最初からまとまった企画書を出させることに無理があるから。

❸ 新しいものを創造する力がある社員がいないから。

アイデアの質を高め合うためのブレーンストーミング3つの鉄則

――なぜ、アイデアが出てこないのか？

何かの改革案や改善案を出そうとするときにやってしまいがちなのが「問題点と対策のアイデアを書いて持ち寄れ」というやり方です。あらかじめ意見をまとめて持ち寄るので、一見、効率的な進め方に見えますが、これでは順番に自分の案を発表するだけになってしまいます。個人のアイデアをただ並べているだけでは議論によって「高め合う」ことはできません。62ページでも少し触れましたが、こうしたケースではブレーンストーミングが有効です。

――ブレーンストーミングがうまくいく3つの鉄則

ブレーンストーミングは鉄則があります。これを忘れると逆効果になりかねません。

①3セズ（質問せず、批判せず、くどくど説明せず）

出された案に対して批判はご法度です。発言しにくくなってしまう状況を避けるためです。どうしても否定したい場合には「代替案を出す」ことを条件としてルール化しておきましょう。また、出した案について、いちいち説明しないことも重要です。アイデアをたくさん出すためには発言のテンポが大切です。

②人の尻馬に乗る

人が出したいいアイデアや視点は、遠慮なく自分の発想のネタにしましょう。アイデアをぶつけ合って膨らませていくのです。発言が途切れたら、司会者は視点を変えた問いかけで、みんなの創造力をかき立てるようにしましょう。

③質より量を重視する

問題点を出し合っているときは、とにかく数を出すことに集中しましょう。実現の可能性や他人の評価を気にしてはいけません。最初から質の高い案を狙うよりも、玉石混淆でも数を出していったほうが、結果的には質の高い案が数多く出ます。

A 2

現状を打破するためには、まずブレーンストーミングでアイデアを出しつくすことが必要です。

問題 22

A社は半年前に顧客データベースを構築しました。売上伝票、請求書、納品書など、さまざまな伝票を処理して、販売情報を一元管理するシステムです。

稼働してから半年ほどして、さまざまな改善点が見えてきました。そこで総務部の小林君が取りまとめをすることになりました。

小林君はまず各部門の担当者に会って、改善したい点をヒアリングして回りました。「この情報をこの画面で入れられたら、あとで作業が楽になる」「この伝票には、この情報も表示させてほしい」「この処理はシステムで自動的にやってほしい」など、関係する経理・営業・物流の各部門から、それぞれの改善要望が出されました。それらの改善要望をまとめてみたところ、じつに３００項目に上りました。

すべてを実現したら、改善の費用が予算を大幅に上回るのは明らかです。しかし、どれが優先順位の高い改善要望なのか見当もつきません。

Q

**小林君は、どうやって
まとめたらいいのでしょうか?**

❶ 改善要望の内容を分類してまとめる。そのうえで重要度を判別してA〜Eの評価をつける。

❷ とりあえず見積もりを取るり、項目を絞り込む。

❸ 部署ごとに予算を分け、枠内で自由にさせる。

優先順位のつけ方に迷ったら「重要度評価」と「分類」で決める

矛盾する問題点に優先順位をつける

問題点を並べているだけでは、問題の全体像をつかむことはできません。また、どれが重要なのかもわからなくなります。全体像をつかみ、優先順位をつけるためにも、まず問題点を整理することが必要です。

問題に個別に対応しようとすると、そのうち矛盾した対策を並行して進めなければならないようなこともあります。たとえばシステムの改善要求にしても、「インターネットで遠隔操作できると便利だ」ということと「セキュリティー上心配なので、インターネットにつなぎたくない」ということは矛盾する内容です。どちらを優先するのか、また、技術的に両立できる問題なのか、問題を整理する必要があります。

重要度評価を会議で決めるメリット

洗い出した問題に対しては、5段階評価ぐらいで重要度をつけていきましょう。

重要度評価は、みんなで集まって一斉に判断していくと、最もスピードが速くなります。あまり深く考え込まずに、テンポよく、1項目5秒ぐらいでどんどん答えていきましょう。意見が割れた場合には、とりあえず高いほうの重要度をつけておきます。

これを会議でやる利点は、「全体最適」の視点で重要度が評価できることです。自分が重要だと思うことと、他人が重要だと思うことが違うと、そこで初めて「なぜ、そのことが重要なのか」と関心を持つようになります。いままで見落としていたことに気づき、全体方針の確認にもなります。結束力を強めることができるのです。

重要度評価をしたら、類似したものを集めてまとめていきましょう。数が多すぎる場合は、重要度の高いものを対象に整理していきましょう。問題点を整理する場合には機能別に分類します。仕入れ、製造、物流、販売、営業、管理（人事・総務・経理）といった企業の機能ごとにまとめていきます。

A 1

問題を一覧して眺めているだけでは対処は考えられません。重要度を判断したうえで、問題点を機能別に分類することが必要です。

問題 23

医療機器メーカーのA社は、3年ほど前から急激に会社の規模を拡大しています。かつては小回りのきく営業や、問い合わせへの迅速な対応が評判だったA社ですが、最近は対応が追いつかなくなってきました。製品が増え、すべての機材の細かな使用方法などを営業担当者が把握しきれなくなってきています。そこで、問い合わせ専用窓口を設け、顧客からの問い合わせやクレームを一括して受ける体制を整えました。

3か月ほど運用した結果、クレームに抜本的に対応するためには製造部門や物流部門の対処が必要なことがわかってきました。そこで、営業部門の担当者が両部門に改善への協力を呼びかけたのですが、いい反応は得られませんでした。

「コスト削減、ISO認証取得など、手がけているプロジェクトが多く、人手を割けない」

「物流拠点の統廃合や配送のアウトソーシングなど、組織形態が大きく変わりつつあるので、協力できるのは来年以降になる」

両部門とも、これ以上対応することは不可能です。

Q

さて、この会社はどうすべきでしょうか？

❶ プロジェクトの数が多すぎるのが問題。優先順位を考えて実行するかどうか判断する。

❷ 問題は先送りせず、少々多くても推進させる。

❸ 顧客優先の視点が必要。いまのプロジェクトはあと回しでも営業部門の提案を優先する。

部門を超えた問題に対処できる「プロジェクト」の効用と注意点

部門の壁を超える「プロジェクト」とは?

プロジェクトとは、一時的に発生する業務や目的を遂行する活動のことを指します。その臨時組織は、従来の部門の枠を超えて横断的に結成することができます。そのため、プロジェクトは企業の問題解決や重点課題の施策にふさわしい組織形態だといえます。

企業には複数の部門にまたがっている問題がたくさんあります。クレーム対処にしても、内容によって、開発、製造、物流、販売など、関係する部署は様々です。プロジェクトは、こうした「部門を超えた問題」に対処するのに有効です。

企業にとっての問題、特に「創る問題」は、重点施策として実行に移されることがたくさんあります。たとえば生産体制を抜本的に見直すためのSCM（サプライ・チェーン・マネジメント）や、成果主義による人事評価制度など、様々な課題が多くの企業で進められています。

これらは業務の進め方や組織のあり方を大きく変えるものであり、関係する部署も多いので、全社をあげて取り組むべき課題です。そのためにプロジェクトが結成されるのです。

――優先順位の高い課題に集中しよう

プロジェクトは、その課題にかかわりのある部署からメンバーを出して結成されます。メンバーは、プロジェクトで決まったことを自分の部署に持ち帰って推進するため、その部門の中でもある程度の力を持ち、業務内容についてもよくわかっている人が適任です。一言でいえば、「仕事をよくわかっている人」ということになります。

しかし、プロジェクトが増えてくると、人材が足りなくなってきます。ひとりの人間が4つ、5つのプロジェクトに参加するとなると、日常業務もままならなくなったりします。

実行段階で人材が不足しては、結局すべてが中途半端に終わってしまいます。企業が全社レベルのプロジェクトを進める場合、並行して進められるのはせいぜい6つが限度でしょう。それ以上に取り組むべき課題があるなら、優先順位を考えるべきです。

A

1

一度に取り組めるプロジェクト（重点施策）は、せいぜい5〜6つです。数を増やすと中途半端になります。優先順位をつけて、その高いものから着手しましょう。

STEP 4

現状を分析しよう

問題 24

今村君は薬品卸会社の営業部に所属する5年目の社員です。今村君の働く営業所に新しい営業所長がやってきました。1か月ほどたったある日、今村君は営業所長に呼び出されました。

「これまで様子を見ていたが、この営業所ではXの売れ行きが悪いな。当社製品の中でも稼ぎ頭で、よその営業所ではトップシェアを誇っているXがうちのテリトリーでは振るわず、在庫も多いようだ。いろいろ見えてきたところで、この営業所の問題点をみんなで考えてみたいんだが、まずは現状を知ることが必要だ。今村君、この営業所の現状を全体的にまとめてみてくれないか。1週間ぐらいで頼むよ」

営業所長の言うことはよく理解できた今村君ですが、いざ取り組もうとすると、どうやれば全体像がつかめるのかがわかりません。各種の営業データや販売成績など、情報は山ほどあるのに、どうまとめればいいのかがわかりません。

Q

途方に暮れてしまった今村君、どうすればいいと思いますか？

❶ 5年分ぐらいの売上や利益の推移をまとめる。

❷ 問題点を洗い出すために顧客のクレームを取りまとめる。

❸ 「顧客」「患者」「競合」など関係者を大きなくくりでまとめて概要を文章化する。

「3C＋マクロ環境」の視点で企業経営をスッキリ分析しよう

——使えるデータを集めるノウハウ

あなたは何かを調べるとき、どのように情報を集めているでしょうか。今回の設問のように、自分たちの部署の状況をまとめようとするときは、まずは既存のデータの中から、関連のありそうなものを集めることから始めるのではないでしょうか。

●売上や利益の数字
●部門別・事業別・製品別の数字や、時系列で見た推移
●顧客や取引先のアンケート結果
●顧客の動向についての営業資料

膨大な資料がいくらでも出てきます。営業の数字も、まとめ方や分析の仕方により見え方が変わってくるので、どんな数字を使えばいいのか迷うのではないでしょうか。

また、世間の動きや市場動向も含めると、ネット検索、新聞記事、公的機関の統計など、さらに大量の情報が集まります。「使えそうな情報やデータはないか」という

探し方だと大量のデータが集まり、かえってまとめ方がわからなくなります。また、一部分に着目して詳細にはまり込んでしまいがちです。「何か関係しそうなデータはないか」ではなく、「この情報が欲しい」という探し方をしなければなりません。そのためには、必要な情報が何かをあらかじめ考えてから情報収集することが必要です。

「3C＋マクロ環境」で情報を俯瞰しよう

全体像をつかむためには、必要な情報の切り口を洗い出し、それからデータを集めていきましょう。経営戦略は「3C＋マクロ環境」というフレームワーク（枠組み）で分析するのが有効です。3Cとは「顧客（Customer）」「競合（Competitor）」「自社（Company）」を指します。これに「マクロ環境」（地域の条例や法規制、景気動向、自治体の制作など）を加えた視点を切り口にして情報をまとめていきましょう。

A 3

「使えそうなデータはないか」ではなく、「3C＋マクロ環境」などの切り口を決めたうえで、「この情報が欲しい」という探し方をしましょう。

問題 25

中堅精密機器メーカーのA社。創業者が社長を務める典型的なオーナー企業で、社長にご注進したりできる人間は、一緒に事業を大きく育ててきた社長夫人だけです。独断専行型の社長は、創業当時から経理や総務関係を取り仕切り、いまも社員からの信頼が厚い夫人の意見だけは素直に取り入れます。ですから、社員がどうしても社長を説得したいときには、まずは夫人に相談して社長を説得してもらうことが多かったのです。

ある日、社長室長と経理部長が夫人のところにやってきました。

「困りました。社長がどうしても新しい本社ビルをつくるといって聞かないんです。N社が売りに出そうとしている駅前の土地が、場所も一等地だし、安くなっているし、いまが買い時だって、すっかりその気になっちゃっているんです」

「資金はありますが、土地を所有すると値下がりリスクがありますし……」

夫人も数日前に社長から本社ビルの話は聞かされていました。気になった夫人はその土地を見に行き、この二人と同じ感想を持ったのです。

Q さて、夫人が取るべき行動は？

1. 経済状況はよくなる兆しもないし、買わない。
2. デフレで土地が値下がりした。買うべき。
3. メリットとデメリットをまとめ、社長と考える。
4. 土地を鑑定してもらい、値下がりしないという確証が得られたら買う。

外部の環境分析は、自社にとっての「機会」と「脅威」に分けてつかむ

――まわりの環境を正しく把握する

大きな決断をするときには、まず自分の置かれている環境を正しく把握する必要があります。それを一覧できる資料を手元に置きながら議論すると効果的です。いきなり議論に入ると、「デフレだから土地を持つチャンスだ」「固定資産はお荷物だ」という水掛け論になってしまい、結局、声の大きい者が勝って終わってしまいがちです。

外部環境には同じ事象が見方によってメリットになったりデメリットになったりするという二面性があります。たとえば、「少子高齢化」という市場の変化は、子ども向けのサービスを展開している企業にとっては脅威となりますが、高齢者向けの事業を考えるうえでは追い風となります。外部環境がどのように作用するかは、自分たちのあり方次第なのです。

「3C（顧客・競合・自社）＋マクロ環境」のうち、企業の外部環境にあたるのは「顧客」「競合」「マクロ環境」の3つです。概略としてつかむ場合には、これらを「外部

環境」としてひとまとめにして、「機会（都合のいい状況、追い風）」と「脅威（都合の悪い状況、逆風）」の2つに分けて書き出します。

「機会」を生かして「脅威」を克服しよう

「機会」とも「脅威」とも取れることが出てきたら、あまり突きつめて考えず、自分たちのスタンスで決めましょう。これらを書き出すことは、状況をまとめて把握することだけでなく、「これからどうしたらいいか」の戦略を考えるヒントにもなります。

「脅威」を「脅威」のままで放置してはいけません。なんらかの対応が必要です。「機会」をうまく利用して「脅威」を克服することができないかどうかを考えましょう。「脅威」への対応には、単独で考えるのではなく、「機会」を生かしてカバーすることができないかどうかを考えることです。

A 3

外部環境は「機会」と「脅威」に分けて把握します。それをもとに「機会」を利用して「脅威」を克服していきましょう。

問題

26

総合家電メーカーのA社の強みは小型化が得意なことでした。製品全般にわたって「小さく、軽く」という商品開発で売ってきましたが、最近は伸び悩んでいます。

一方、ライバルのB社は安いコストでそこそこ質の良い商品をつくって、売り上げを伸ばしています。

A社経営陣は、

「いいものを出せば必ず売れる。あくまでも、いままでの強みを生かして、小さくて高付加価値の商品をめざそう」

と言いますが、現場は必要のない付加価値ではもう売れないのではないかと疑問を持ちはじめています。

Q

さて、A社はどうすべきでしょうか？

1. 強みはいつの間にか強みではなくなっているかもしれない。こだわりを捨てる。
2. 強みを生かす方針は正しいが、強さが足りない。資金を集中させて技術開発する。
3. まずは価格を下げて競争力を取り戻す。

内部の環境分析は、外部に対する「強み」と「弱み」に分けてつかむ

——本当の「強み」と「弱み」を把握しよう

「自分が考えている強みは、本当に強みとなっているのか？」

「自分の弱みは何か？」

この2つを把握して初めて、「強みを生かす」ことができるようになります。

とくに他社に簡単に真似できないような特色ある強みは、「コア・コンピタンス」と呼ばれます。これを守り、維持し、伸ばすことで企業は大きく成長することができます。企業の経営資源をそこに集中させ、事業の多角化を図ることで拡大するのです。

また、自社の強みだけでなく、弱みも考えることが必要です。弱みはフォローしなければなりませんが、一番いいのは、強みで弱みを補うことです。

——コンビニ戦略の定石に学ぼう

たとえばコンビニエンスストアの商品点数は平均して約3000といわれています

が、これはスーパーや百貨店に比べるとはるかに少ない数字です。アイテム数の少なさは小売業にとっては弱みとなります。だからコンビニは売れない筋商品を徹底的にカットすることで対応しています。これは弱みに対する真正面からの対処です。

しかし、コンビニはこの弱みを補う強力な強みを持っています。24時間営業、立地のよさなど、顧客にとってなくてはならない価値を提供していることです。その便利さを考えると、「品ぞろえが少ない」という多少の弱みは顧客の目には入ってこなくなります。このように、強みで弱みをフォローするのは戦略の定石なのです。

強み・弱みを判断するときは、顧客の視点からの判断も忘れてはいけません。この判断では、社内の判断と顧客の判断が食い違うことがあるものです。このように内部環境分析は、自社の強み（Strengths）と弱み（Weaknesses）、外部の機会（Opportunities）と脅威（Threats）に分けて書き出す「SWOT分析」という手法が便利です。

A 1

強みと弱みは環境によって変わります。時代や顧客が求めているかどうかも、つねに考慮しましょう。

問題 27

自動車メーカーのA社は技術力に定評があり、業界では「優等生」といえる企業です。安全性や軽量化、厳しい環境基準をクリアしており、高い水準を保持しています。業界トップではないものの、技術開発の分野では比較的大きなシェアを占めています。それだけの技術を持ちながら、価格も一定以下のレベルに抑えています。

新製品発売前に自動車評論家や先進的なカーマニアに試乗してもらうと、かなりいい評価が得られるのです。

しかし、実際に売り出すと、いつも苦戦をしています。リピート客が少ないのです。そこそこ満足しているのに、いざ買い替えとなると、よそのメーカーの自動車を買ってしまう客が多いのです。

優等生なのに…
値下げです
高品質
とは…?
新規開拓!

Q

さて、A社はどうすればよいのでしょうか?

❶ 新規顧客を開拓すれば売れる。

❷ 顧客ニーズを把握し、「高品質」の定義を見直す。

❸ さらに価格を下げれば売れる。

「売れるしくみ」をつくり出す〝ワンランク上〟の考え方

——「戦術レベル」ではなく、「戦略レベル」で勝負しよう

顧客がリピートしないのは、「この商品でなければならない」という理由がないからです。自分たちが提供している価値が顧客にとってなくてはならないものになっているかどうかを考えてみましょう。技術力の高さといっても、自己満足になっていないでしょうか？　車の加速力などの基本性能が高いのか、車内の居住性や使い勝手がいいのか。ただたんに「車として品質が高い」では漠然としすぎています。

広報宣伝やマーケティングなどの戦術も大切ですが、最も大切なのは戦略です。製品をつくってから「売る手段を考える」のではなく、最初から「売れる商品」「売れるしくみ」を考えるのが戦略です。戦術レベルで何とかしようと考えると、広告宣伝にお金をかける、営業力の強化のために多くの人間を投入する、値引きをするなど、体力勝負になりがちです。そもそも「何をつくれば売れるのか」を考え、売れる商品をつくることから始めるのが王道です。いかなる戦術も、戦略には勝てません。

A 2

顧客が求めるものを把握したうえで、戦略レベルから取り組んで「売れる商品」「売れるしくみ」を考えましょう。

――「見えないニーズ」を探し出そう

戦略的に商品をつくるには、まず、顧客ニーズの把握が必要ですが、すでにニーズが明らかにあるとわかっている市場規模の大きなところには競合企業が存在し、同じような製品を投入しても、よほど安くしない限り勝ち残れません。薄利多売の商売は、リスクの高い方法です。リスクを低くし、かつ確実に売れるようにするためには、まだニーズと認識されていない「潜在ニーズ」を探し出すことが必要です。

顧客のニーズは、製品そのものの品質や価格だけではなくなっています。顧客が求めているものは何かを考え直してみましょう。たとえば安全性、快適な空調、オプション、アフターサービス、納期の短さなども品質の一部ではないでしょうか。

これからの時代、顧客ニーズを、技術面だけでなく、多面的に見る必要があります。

問題

28

大野さんは中学生の娘を頭に３人の子どもを持つ主婦です。残業ばかりの夫と子どもたちの世話で、毎日、目が回るほど忙しい思いをしている中、ついに過労から体調を崩してしまいました。心配した子どもたちが対策を考えています。

「何がそんなに忙しいの？」

「えーっと、昨日は朝、お弁当と朝ごはんつくって、パパを駅まで送って、帰ってから掃除して、洗濯でしょ。洗濯物が多かったから、いつもより時間がかかったわ。買い物だって、駅前のスーパーだけじゃ足りなくて、遠くの店まで行くこともあるし。そうそう、ガスコンロの具合がおかしいから、ガス会社の人を呼んで見てもらったから、晩ごはんの支度が遅れたのよね……全部必要なことだから、どれかをやめるなんてできないわよ」

とにかくお母さんが忙しいことはわかりましたが、何がどう忙しいのか、どうしたら少しでも仕事を減らせるのかがわかりません。

Q

問題点を整理するには、
どうすればいいのでしょうか？

1. 炊事に何分、洗濯に何分と、仕事の記録をつけて集計してみる。
2. まず、大変だと感じている仕事を書き出してもらう。
3. 忙しいのが好きな人なので、放っておく。

仕事を邪魔するムダ・ムラ・ムリを退治する「ダラリの法則」

――効率化できる点を洗い出す

ムダな仕事が何かは、渦中にいる人には見えないことがあります。家庭内だけでなく、物流や生産など、さまざまな場面にムダがひそんでいます。仕事の一連の流れの中に省力化できるところを見出す方法に「ダラリの法則」という考え方があります。「ダラリ」とは「ムダ・ムラ・ムリ」の3つの略です。非効率的な仕事は、だいたいこのどれかに当てはまります。もともと管理工学の分野で、業務改善、作業の効率化の際に使われていた言葉ですが、通常の業務や身の回りの仕事を省力化するときにも役に立つ考え方です。

①ムダを見つけるポイント

繰り返して発生する仕事、やり直しの発生、調整の手間、チェックの手間、過剰在庫、つくりすぎ、過度の複雑さなどには「ムダ」がひそんでいます。たとえば冷蔵庫に賞味期限切れの食品があったら在庫のムダ、お金のムダ、エネルギーのムダです。

仕事でも、似たような資料を何度もつくり直したりしていないでしょうか?

②ムラを見つけるポイント

「やり方のムラ(仕事の標準化ができていない)」「忙しさのムラ(特定の人に仕事が集中)」「気分のムラ(上司の気分で判断基準が変わる)」「成果のムラ(仕上がり品質にムラがある)」などがよく見られます。この家族のケースでは、忙しさがお母さんに集中しています。

③ムリを見つけるポイント

設問のケースでは、たとえば高いところに重い鍋が収納してある、キッチンが低くて中腰気味になるなど、体に負担がかかる仕事にはムリがあります。小さなことのように思えますが、繰り返し発生する作業の場合には全体の効率を低くします。

仕事でムリな計画を立てたり、ムリな納期を設定したりしていないでしょうか?

そういうムリは、やがて残業続きの生活を招き、体のムリとなってしまいます。

A 2

①もやり方によっては有効ですが、問題点を見つけて仕事を省力化しましょう。

問題 29

製薬メーカーのA社は、自社商品だけでなく、海外メーカーのライセンスを受けて供給している薬まで含めると、かなりの数の商品を取り扱っています。しかし、流通や在庫の負担も重くなるため、取り扱う商品の数を見直しています。そこで、営業部門では、取り扱っている薬についての状況をまとめてみました。それが図①です。

「Gは、売上金額が少ないけど、難病治療薬として専門の研究機関からは結構強い引き合いがあるんだ。おかげで、AやBの取り扱いが取れているようなものだから、単純に売上や利益率だけで判断されると困るよ」

「CやDなんかは、売上金額は大きいけど、競合商品もある。結局値下げ競争で原価ギリギリの販売になってしまっている。それこそスクラップの対象ではないか?」

こんなやりとりが続き、どうすべきかがわかりません。部長がこう言いました。

「この表はどれがスクラップできる商品なのかがわかりにくいなあ。もうちょっと一目でパッとわかるような感じにまとめ直してくれないか」

図①

商品名	売上高	特徴	備考
A	235億	当社の主力商品。社の売上の36%を占める。病院関係者の信頼が高い。	20年前に開発した自社商品
B	97億	トップメーカー●社の主力製品●●の対抗商品。●●より価格は安いが、●●への信頼は高く、なかなかBへの代替が進まない。	
C	88億	競合商品が多く、原価ギリギリでの販売が続いている。医療関係者への知名度は高い。	
D	64億	3年前まで当社の主力商品だった。新規参入の競合商品に価格面で劣り、売上が激減。ライセンス契約時の条項により、値下げができない。	
E	52億	売上はそこそこだが、生産管理の温度管理が難しく、廃棄率が高い。製造原価が高め。	
F	47億	これまで飲み薬でしかなかったものを貼り薬にしたもの。売上は上昇中。	
G	32億	売上高は少なく、納入先の顧客数も少ないが、類似の商品がない難病治療薬のため、ニーズは高い。多額の研究開発費がかかった商品。	
H	28億	昨年売り出した新薬。他に競合商品が見当たらないため、売上が伸びている。	

Q

一体どうやったら、わかりやすくなるのでしょうか?

1. 製品別の売上をグラフでビジュアル化する。
2. シェアやマーケットの成長率を指標とした図解で整理する。
3. 利益率や製品原価率などの数値や指標を算出し、各指標ごとにグラフ化する。

効果的な「図解」で問題点を整理しよう

――文章ではなく〝図〟で伝える！

これまで、概要をまとめる方法として、フレームワークの活用やSWOT分析を紹介してきました。しかし、どの商品を取りやめるべきか、どこに力を入れていくべきかを判断するときには、文章でまとめていては優先順位が見えにくくなります。こういう場合には、図解でまとめると効果的です。一覧できて視覚的に概要をつかめる図にすると、問題点がはっきりしてきますし、解決の糸口も見つけやすくなります。

図解の利点は、2つの軸を使いながら、一覧できるようになることです。文章表現は、基本的にひとつの軸にそって説明するので、

「Aの場合はBとCがあり、Dの場合はEとFがあり……」

という長い文章になってしまいます。読むほうも頭の中を整理しながら理解しなければならないので大変です。図解ではこれが一覧で視覚的につかめるようになるので、理解しやすいのです。わかりやすい図を書けるようになれば、状況把握や伝達は

ずっと楽になります。

――マトリックス

ここでは、事業の多角化をどのように進めるべきかの判断材料としてよく使われる「PMマトリックス」を紹介します。

市場と製品の2つの軸を使い、それぞれ「既存・新規」に分類して、どんな製品がどこに入るのかをまとめます。4つの象限のどこに入るかで、今後とるべき方針を考えることができます。

また、商品の成長率などを一覧できる図解の方法としてPP

事業の多角化をマトリックスにして考えよう

P＝製品（事業）

M＝マーケット（市場）

製品 (Product)／市場 (Market)	既存／製品	新規／製品
既存／市場	〈市場浸透〉 テレビ 冷蔵庫	〈新製品開発〉 ゲーム機 携帯電話 ＤＶＤ機
新規／市場	〈新市場開拓〉 中国市場 欧米市場	〈事業の多角化〉 フランチャイズ ネット銀行

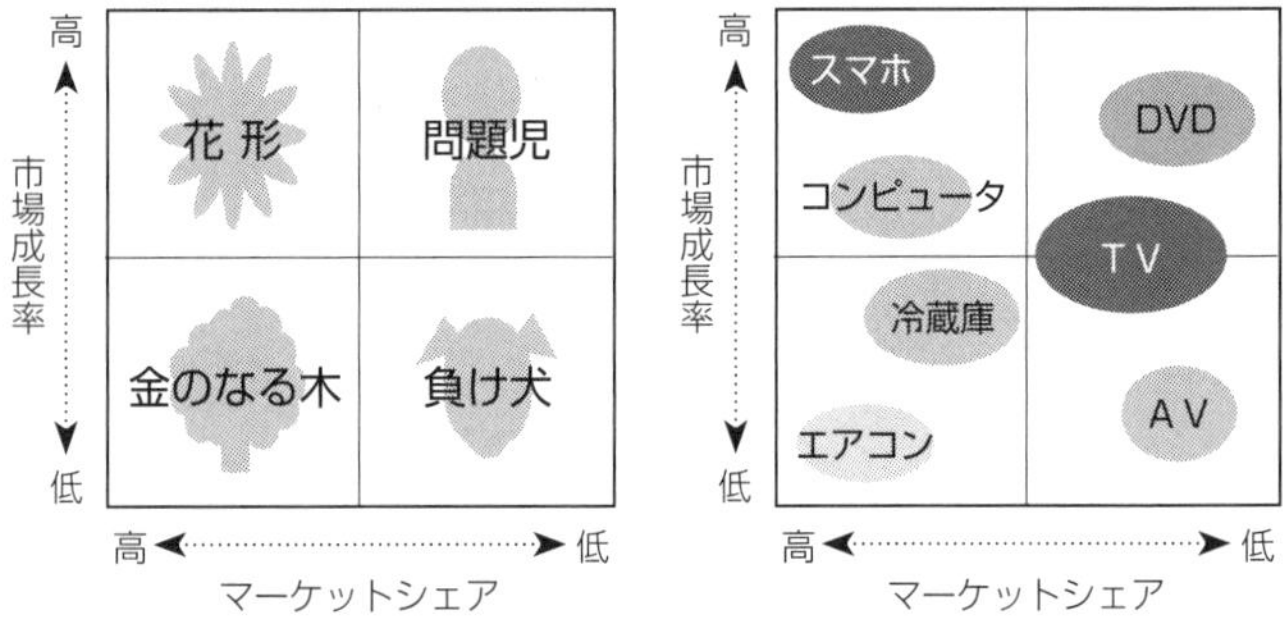

・花形　シェアも成長率も高い
・金のなる木　シェアは高いが成長率が低い
・問題児　成長率は高いがシェアが低い
・負け犬　成長性もシェアも低い

事業の全体像が一覧できる

円の大きさ：売上高

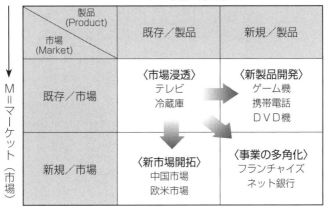

M（プロダクト・ポートフォリオ・マネジメント）がありますので、覚えておくと便利です。自社商品の洗い直しをしたいときだけでなく、競合相手との力関係を見たり、重点的に投資すべきところはどこかを考える上でも参考になります。

縦軸に市場成長率の高さ、横軸にマーケットシェアをとり、各製品や事業の売上高を円の大きさで表示し、プロットしていきます。この円がどこにプロットされるかで、事業や製品の位置づけがわかります。

各商品を、このPPMの上にプロットしていくと、どの商品が利益をもたらし成長性も高いのかが一覧でわかるようになります。

A

2

①、③も可。商品の成長率などを把握するためにはPMマトリックスなどの図解の手法を知っておくと便利です。

問題 30

ある工場には、毎年のように「1%減」「3%減」という本社の削減要望が来ています。しかし、すでに改善を繰り返しており、コスト削減にずいぶん苦労しています。購買部門の若手社員堀君は、自社のキャッシュフローがいいので、原料納入企業に、

「手形取引をやめてキャッシュで払うので、もう少し納入金額を下げてもらえませんか？　納品時の検品作業もうちでやりますから、御社の業務も減りますよ」

と持ちかけたところ、3%の納入価格の引き下げに応じてくれました。

喜んだ堀君が、「この条件をすべての納入企業に掛け合えば、2~3%のコスト削減ができる」と提案すると、先輩がこう言いました。

「今年は全部の企業に掛け合うんじゃなくて、半分だけにしておけ。それで1%減は達成できる。でも、この案はリスクが高すぎるぞ」

堀君は釈然としない気もしましたが、一方で、なるほど、それもサラリーマンの要領か、と思いました。

Q

さて、あなたはこの先輩のことをどう思いますか？

1. 勇気がない
2. 頭が悪い
3. 現実的
4. やる気がない

意欲が途切れず、迷いもなくなる「ゴール設定」の効果

――終わりのないノルマがやる気をそぐ

堀君の案は自分たちの手間を考えていないので、本当に全体でコストダウンになるかどうかわかりません。自社の検査にかかる人件費が高くなる可能性が大です。

この会社のケースでは、本社も現場の社員も、理想の「改善後の姿」を描いて、それに向かって努力するのではなく、ただノルマによるコスト削減が行われています。社員から見ると、最終的なゴールを示されることなく、毎年毎年ノルマが課されることになり、改善に対する積極的な気持ちが失われかねません。

問題解決を進めるうえで大切なのは、「改善後の姿はどうなっているのか」「現状はどうなのか」という2つのギャップを認識し、最終的なゴールを明示することです。過去1~3年を振り返って何が変わったか、あるいは今後1~3年で何がどう変わっていればいいのかを把握できるようにしましょう。「何が問題なのか」「どう改善すべきか」を考えて全社一丸となって動くためには、この「改善前の姿（現状）」と「改善

後の姿（あるべき姿）」を組織全員が認識することが必要です。

――内向きの視点からは「あるべき姿」は見えてこない

ゴールを見失ってしまう理由はそればかりではありません。会社の内部や自分のことばかりに視点が集中しているときも全体の方向を見失ってしまいます。「これだけ忙しいんだから、会社も儲かっているはずだ」「これ以上の仕事はもうできない。これが限界だ」という理屈で現状に何となく満足してしまい、上をめざそうという意欲がなくなっていきます。

しかし、世の中の事業環境、顧客ニーズなどは絶えず変化しており、その変化は加速するばかりです。外に目を向けなければ抜本的な問題解決はできないし、改革も進みません。広い世の中に目を向けましょう。自社内や業界の中だけで考えず、異業種の動き、海外の最新の経営手法などについても積極的に知るようにしましょう。広い世界を学ぶことで自分たちの「あるべき姿」も見えてきて、現状をよりはっきりと認識できるようになるのです。

A 3

改善前と改善後のギャップを認識し「あるべき姿」をはっきりさせましょう。

STEP 5

問題解決の最短経路

問題

31

酒類販売免許の取得が容易になったことにより、大手スーパーやコンビニ、ネット通販の酒類販売への進出が急増しています。太田さんが経営企画室長を務める酒類販売チェーンも、存続のために方向転換せざるをえなくなってきました。

そこで、このチェーンでは、コンセプトを「酒を楽しむ場の提供」に変えることにしました。酒以外に、パーティー用のつまみや惣菜も宅配する、本格的なカクテルをつくれる器材を貸し出すなどの新サービスを開始するのです。

実現のためにやらなければならないことは、山ほどあります。販売方針の見直し、新サービスのブランド育成、仕入れ先の洗い直し、人材育成など、太田さんは分厚い計画書をつくりあげ、全国の店長を集めて方向転換についての説明会を実施しました。

しかし、いざ実施に移そうと思っても、なかなか進みません。全国の店長会議で進捗状況を聞こうにも、欠席者がいたり、進まない理由を説明されたり……。

Q

目標も明確で、計画もまとめられているのに実行できないのはなぜでしょうか?

❶ 店長たちには寝耳に水。課題を整理し、優先順位をつけて、順に手がけていくべきだ。

❷ 店長たちに、目的がきちんとイメージとして伝わっていない。

❸ 資料の内容がわかりにくい。

壮大な目標も、大規模な改革も、小さな問題解決から始まる

——解決の基本方針を先にまとめる

解決策を実行に移す場面では、実行する人に目的をわかりやすく理解してもらうために、解決の基本方針を取りまとめて提示します。いきなり詳細に入るのでなく、「単純明快」が大原則です。人間が一度に認識して理解できることには限りがあり、3は人間が最も認識しやすい数字、7は人間が一度に認識できる数の上限といわれています。重要課題は3〜7項目の範囲にまとめるとよいでしょう。

そのためにはコンセプトをはっきりさせる必要があります。わかりやすい表現のコツは、単純明快をめざすこと、魅力ある特徴を強調することです。いままでと何が違うのか、どんな効用や変化をもたらすのかを、はっきり伝える必要があります。

——重機のコマツの事業コンセプト

重機を製造販売しているコマツは、事業コンセプトを3つに集約して高業績を継続

A 1

大きな改革も、段階を踏んで、解決策の数を絞って着手すれば達成できます。

しています。それは、「ダントツ商品」「ダントツ・サービス」「ダントツ・ソリューション」です。迷ったら、常に事業コンセプトに戻って、方針を再確認します。

1つめの「ダントツ商品」では、圧倒的に高性能な商品を出し続けることにこだわります。また、他社がまだ手がけていない商品開発にも注力します。

2つめの「ダントツ・サービス」では、例えばGPSを全機種に取り付け、位置情報管理、稼働管理を行います。位置情報管理は、盗難などにより事前に指定したエリア外に重機が移動されると、自動的にエンジンがかからなくなります。また、稼働管理では、重機の稼働状況を把握し、メンテナンスのタイミングを知らせます。

3つめの「ダントツ・ソリューション」とは、新しいニーズの問題解決です。具体的には、鉱山のトラックを24時間無人運転させ、購入者のコスト低減にも寄与しています。コンセプトを3つ前後にまとめれば、多数の人に全体像を容易に伝えられます。

問題 32

ある学習塾Aの話です。最近売上が停滞しているA塾の塾長は、経営のテコ入れをはかるため、原因をはっきりさせ、対策をまとめるようにと指示を出しました。

事務局は、職員や講師をまじえて売上停滞の理由をテーマとした会議を行いました。

図はそのときの会議の内容をメモした議事録です。

事務局は塾長にこの議事録を見せ、対策として必要となる「インターネットを使った学習システム」および「体験型授業のプログラム開発」のためには調査費が必要なので、その費用を捻出してほしいと話しました。

しかし、この議事録を見て、話を聞いた塾長は、

「一体、お前たちは何を話し合ったんだ」

と怒りだしてしまいました。

△月×日の議事録

(1)生徒の減少傾向

少子高齢化により、子供の数が減っている。またうちの塾では生徒ひとりあたりの授業料が下がっている。補習授業の実施を行うことで、親のニーズに応えることができるのではないだろうか。ただ、すでに午後10時まで授業があるため、これ以上遅い時間まで授業を行うことはできない。そのため、インターネットを使った学習システムを導入することを検討する。

(2)週休2日制の影響

週休2日制が完全実施されたことで、土曜日の生徒が増えた。親の希望としては、総合学習のような体験型の授業を望む声も聞かれる。当塾の科目やサービス提供内容には、こういった体験型の授業が存在しない。体験型授業のプログラムの開発に着手する。

Q なぜ、塾長は怒りだしてしまったのでしょうか?

1. 調査費が捻出できないほど、塾の資金状況が悪かったから。
2. この文章からは、売上停滞の原因と対策の関係がわかりにくいため。
3. 対策の内容がいまひとつだと思われたため。

問題点、原因、対策を結びつける ロジックツリーを活用しよう

——対策は、きちんと原因を究明してから

対策を進めるためには、関係者に「問題点——原因——対策」の関係をクリアに認識させる必要があります。

問題点から対策に飛びついたり、環境から対策に結びつけたりして考えると、説得力に欠け、対策も中途半端なものになります。

売上不振の場合、「売り上げが不振だ」→「新しい儲けのネタを探そう（新規のサービスや事業をはじめよう）」というような発想になりがちですが、これでは問題点と対策が直結してしまっています。

対策をいきなり考えるのではなく、「なぜ売り上げが不振なのか」を突き詰めて考えるようにしましょう。そこから対策のヒントが見えてきます。

ロジックツリーという技術を使うと、問題点から原因究明がしやすくなります。

ロジックツリーとは、論理（ロジック）をツリー（樹木）状に構成したものです。

MECE《ミッシー》（164ページ参照）の考え方に基づいて要素を論理的に分解・整理していくため、視点に見落としがなくなります。

また、階層化されているため、相互の因果関係や大小関係がわかりやすく、全体概要をつかむのに役立ちます。

特に、既存のフレームワークが適用できないとき、混沌として解決策が見つからないとき、新しいテーマに着手するときなど、解決の進め方や糸口が見えない場合に有効な方法です。

ロジックツリーで体系的に整理しよう

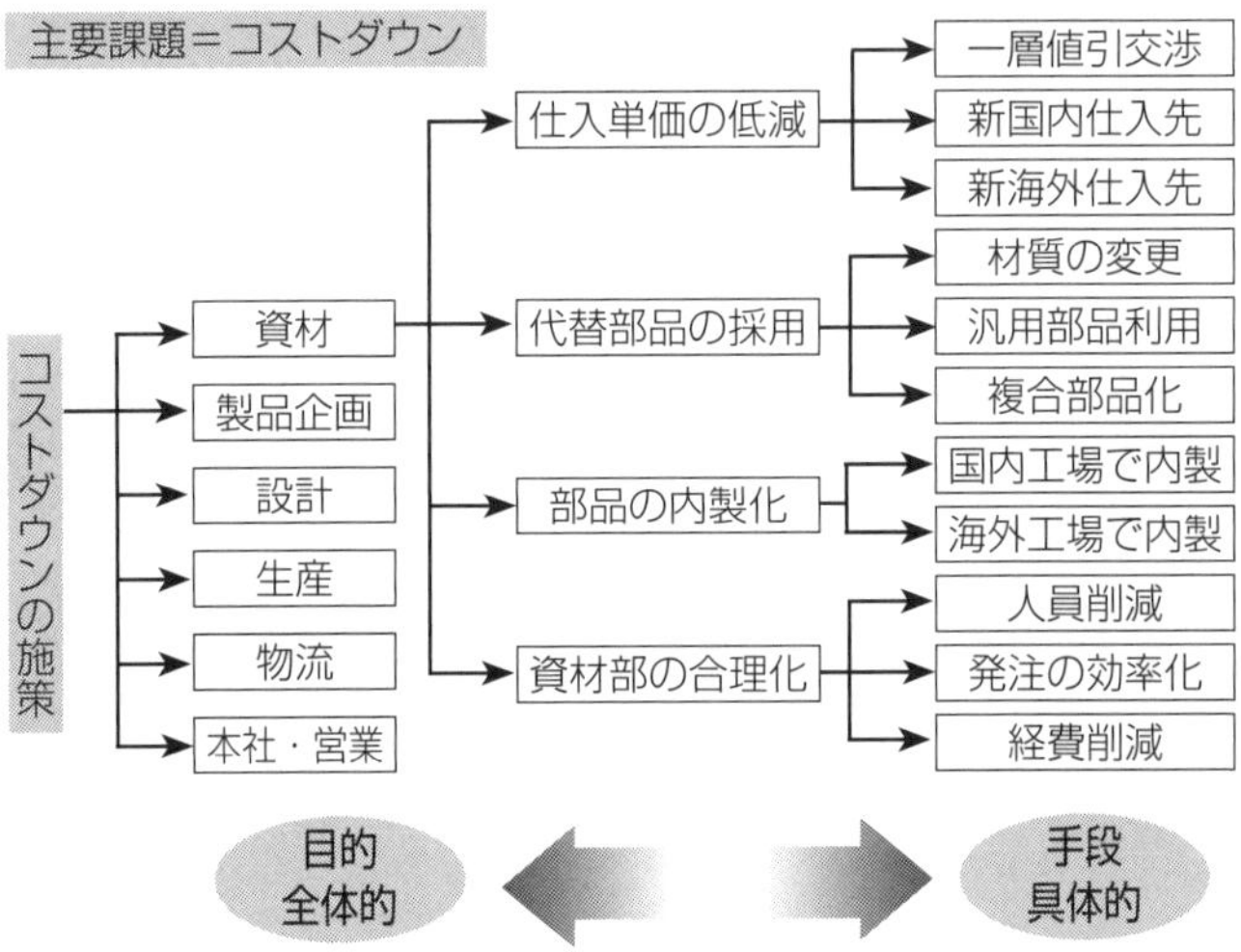

A 2

原因の究明をしっかり行ってこそ、効果的な解決策が導かれます。

作成方法としては、まず左側に「原因を探りたいテーマ」を置き、テーマに対して「Ｗｈｙ」という問いかけを繰り返して、原因として考えられることを２～４つに分解していきます。自分たちが直面しているテーマの状況に基づいて考えるのではなく、論理的に考えて導き出されるすべての原因をツリー構造にしていくのです。

その中から、実際に自分たちが直面している状況から判断して関係ないと思われるものを消していきます。

根本原因の候補が絞り込まれたら、事実と照らし合わせて検証します。

その検証によって因果関係がはっきりしたら、根本原因が特定できたと考えられます。効果的な解決策を考えるのは、そこからです。

問題 33

A社の経営企画室長は情報収集に熱心です。新しい経営手法やマネジメント手法を真っ先に仕入れては、社内に導入の必要性を説いて回っています。

5年前に生産工程の改革といってSCMを取り入れたとき、旗振り役をしたのも室長でした。今度は顧客価値経営への転換だといって、CRMを導入すべきだと社内の説得に回りはじめています。

ところが、A社の社長は乗り気ではありません。過去に室長主導で進めたSCMが、思ったような効果をあげていないからです。

室長から聞いた劇的な在庫の削減は実現しなかったし、情報システムの構築にかかる費用は当初の額をオーバーしてしまいました。

「これでは現場の改善活動に任せておいたほうがよかった。新しい経営手法というのも一種のブームで、いずれ廃れてしまう。飛びついてもいいことはない」

社長はこのように考えています。

Q さて、この会社の改革が
うまくいかないのはなぜでしょうか?

1 ブームに乗って改革をやりすぎたから。

2 自社に必要な改革かどうか、よく見きわめていなかったから。

3 改革の進め方が悪いから。形だけ取り入れても効果は出ない。

改善と改革が相互に高め合って無敵の発展サイクルを生み出す

──その経営革新は本当に必要か？

経営革新をやらなければ、企業風土は陳腐化し、市場の変化に対応できずに競争力を失ってしまいます。しかし、すべての経営革新が自社に役立つわけではありません。自社の業種、企業風土、取引先との関係などを多面的に評価して、経営革新の相性を見きわめる必要があります。

経営革新を導入したのに思ったほど効果があがらない場合、原因は大きく2つに分かれます。ひとつは進め方が悪いケース、もうひとつは導入の目的がはっきりしないままブームに乗ってしまったケースです。

経営革新は経営戦略の重要な構成要素ですが、そもそもオペレーション部分での改革です。目的をはっきりさせたうえで取り入れなければ効果はあげられません。

──変化に強い組織のつくり方

改革と改善はどちらがより重要なのでしょうか。結論からいえば、改革と改善の両方を継続させることが必要です。経営革新のような改革をやらなければ、市場変化のスピードの速さに対応が間に合いません。しかし、改革は「ワークフローの組み直し」です。組み直したばかりのワークフローには改善の余地がたくさんあります。これを一つひとつつぶしていくことで、ベストの形に近づけることができます。改革の成果を確実に得るためには改善が必要なのです。

たしかに改善だけでも、ある程度の効果は得られます。しかし、改革や経営革新には、もうひとつ別の効用があります。それは組織を「変化に慣れさせておく」ということです。成長とは変化することです。ドラッカーは「改革や変化は新鮮な酸素と同じで、成長に不可欠なものである」と説いています。変化しようとしなければ取り残されていくだけです。

A

全

①、②、③すべて。変化するリスクよりも変化しないリスクが高まっていると認識し、改革にチャレンジしましょう。

問題 34

平田さんは手づくりパンの店を構える職人です。材料はすべて平田さん自身が生産者と会い、これはというものを厳選して使っています。また、職人気質のところがあって、自分の技術の向上にも余念がありません。年に1回はヨーロッパに行って、パンづくりを見学させてもらったり、試食して回ったりしています。新商品をつくることも忘れず、惣菜パンなどの新メニューをつねに考えて出し続けています。味もよく、常連客からはおいしいと評判の店なのです。

しかし、近所に大手のパン屋さんがオープンして、来客数がガクンと減ってしまいました。このままでは店を維持していくのが厳しい状況です。

悩んでいたある日、息子がやってきて、パソコンで簡単なチラシをつくってくれました。そのチラシを店に置いた日から、お客さんの反応が変わってきたのです。通りすがりの人も、チラシを見てフラッと入ってくるようになりました。思いきって新聞に折り込み広告を入れてみたら、お客さんの数も増えてきました。

Q

さて、このチラシには
何が書いてあったのでしょう?

1 店の紹介と商品一覧

2 手づくりパンのレシピ

3 店のコンセプトと、それをイメージできるパンの写真

4 材料の安全性を示すデータ

不況でも売れる！一瞬で伝わる「コンセプト」の力

――明確なコンセプトは一瞬で伝わる

モノがあふれている時代に顧客の目をとめるには、一瞬で注意を引き、同時にその商品の価値を伝えなければなりません。特に「ほかとどう違うのか」を明確なメッセージとして伝えることが必要になります。それにはまず、コンセプトは何かを考え、表現することです。コンセプトとは、特長を短い言葉で表したものです。とくに、ほかと違う点、決定的に差別化された点を明快に表します。

たとえばコンビニエンスストアのコンセプトは「家庭の冷蔵庫代わり」です。必要なときにいつでも利用できるよう、利便性を追求したビジネスモデルです。

コンビニエンスストアの特長には、「24時間営業」「必要なモノがそろう」「気軽に歩いて来店できる商圏」……ほかにもいろいろ挙げられますが、これらを並べただけで、パッと見て伝わるわけではありません。

しかし、「家庭の冷蔵庫代わり」と説明されると、顧客にとっての位置づけ、持っている機能などを一言で表現することができます。

さまざまな特長を表現しようとするあまり、無難な表現になってしまっては伝わりません。パッと伝わるためには、とがっていることも必要なのです。

新商品にも、解決策にもコンセプトが必要

デフレ不況といわれていますが、コンセプトがはっきりしているものは、やはり売れています。たとえば、水蒸気加熱という画期的なコンセプトを打ち出した電子レンジ「ヘルシオ」（シャープ）は、成熟市場、飽和市場といわれる環境の中でも売れました。ほかと違う価値が明確で、印象に残るものは購買に結びついているのです。

解決策についても同じことがいえます。「何をどうすべきか」「あるべき姿」は、くどくど説明していても伝わりません。一言で明確なビジョンが伝わるコンセプトを用意しておくことが、解決策を練るうえでも、実行するうえでも必要なことなのです。

A 3

どんな商品なのかが一目でわかるように、まずコンセプトを考え、表現することです。

問題

35

通信販売業A社の物流センターでは、注文があった商品を取りまとめて梱包・発送する作業を行っています。商品間違いのクレームが多発しているのを受け、所長はなんとか配送ミスを減らしたいと考えていました。

注文書を見ながら倉庫から商品を集め、箱詰めするのは「ピッキング部門」です。派遣社員やパートタイマーを10人使って1日に1500件の注文をさばくこの部門でミスが発生しています。

ピッキング部門のグループ長は、メンバーに「ミスがないよう注意すること」「ピッキングが終わったら、最後に必ず伝票と照らし合わせて確認すること」と、ことあるごとに注意していました。しかし、なかなかミスの発生率は低くならず、クレームの数も減りません。

Q

**ピッキング部門が
改善すべきことはなんでしょうか？**

❶ ミスが多いメンバーを入れ替える。

❷ 新しい物流システムを導入して、人手によるピッキングの部分を極限まで減らす。

❸ メンバー内で現状を調べてミスの発生しやすい状況を洗い出し、みんなで対策を考える。

小さな「改善」の積み重ねで慢性的な問題は解決できる

――「改善」とは何か？

問題には「発生する問題」「発見する問題」「創る問題」の3種類があると説明しました。改善とは、慢性化した問題（「発見する問題」）の解決を積み重ねて現状をよりよくすることです。たとえば今回のケースでは、次のような改善が考えられます。

●間違えやすい商品の配列を変える（メーカーごとの棚を商品カテゴリー別に並べ替える）
●注意を喚起する工夫をする（間違えやすい棚にラベルを貼る）
●オペレーションの工夫をする（チェック専門の担当者を置く）

改善は、現状の延長線上に積み重ねていく連続的な活動です。現状を調べ、問題点を洗い出し、対策し、結果を見る、というのが基本的なステップです。効果があれば、ほかの職場やラインにも適用して全体の改善に役立てます。部や課など、個別の組織の中で、できる範囲でよりよくする改善は、業務効率の向上に欠かせません。

A 3

「改善」は、慢性化した問題の解決を積み重ねて、現状をよりよくすることです。

——改善率は〝20％〟を目安にしよう

日本の製造業ではTQC（全社的品質管理・Total Quality Control）活動や小集団活動などが盛んに行われていた時期がありました。部や課の中で小さなグループをつくり、ワークフローに実際に携わっているメンバーが取り組んだこうした改善活動の積み重ねにより、日本の製造業のオペレーションは大変高度なものになりました。

改善活動には地道な努力が必要で、一気にはできません。長期間にわたり継続的に取り組む必要があります。一度できあがったオペレーションやワークフローを見直し、効率や品質の向上をめざすのですから、継続的に現状を把握し、問題点を発見していかなければなりません。改善は20％という数字が目安になります。不良品を20％減らす、作業効率を20％上げる、といった目標を設定するといいでしょう。

問題

36

前の設問で登場した通信販売業のA社は、顧客満足度の向上をめざし、全社をあげて業務改善を始めました。現場レベルで週1回のミーティングを行いながら、「発覚したミスについては原因をきちんと調べて再発を防ぐ」「ミスを起こしそうな案件を未然に洗い出して予防策を取る」といったことを続けています。

小宮山さんがセンター長を務める物流センターでも、ピッキング作業のミスが少しずつ減り、クレーム数の減少と顧客リピート率の上昇という形で効果が表れてきました。かつては10％程度だったリピート率が、15％ぐらいまで上がってきたのです。

小宮山さんにしてみれば、部下はよくやっているし、ねぎらってやりたいと思うのですが、社長はそうは思っていないようです。

「リピート率30％をめざせ！　よその会社では70％を達成しているところもあるというぞ。なぜうちではできないんだ！」

70％を達成している企業とは客層や購買特性、商品の性質が違うため、同じ土俵では考えられないと説明するのですが、社長はどうしても納得しないのです。

Q

**この社長の意見について、
あなたはどのように思うでしょうか？**

1. 要求水準が高すぎる。目標を設定し直すべき。
2. たしかに高い要求水準だが、達成できる方法があるかどうかを積極的に考えてみるべき。
3. いきなり30%というのは厳しいが、いまのやり方を地道に積み上げていけば達成できる。

「できるか、できないか」ではなく「どうしたらできるか」を考える

――改革は〝50%〟をめざそう

改革は、まず「あるべき姿」を考えるところから始まります。現状から大きく方向転換した姿を描き、そこへ至るまでに解決すべき課題を洗い出し、最終目標を達成するためのシナリオを描いて実行する、というプロセスを踏みます。やってみなければわからないという無責任な進め方では成功しません。解決策を決めるにあたっては、やり直しがきかない資源配分を、覚悟を決めて意思決定することが必要です。

改革には50%という数値が目安になります。コスト半減、リードタイム（発注から納品までにかかる時間）半減、売上倍増などをめざすのです。

「できるかできないか」という議論ではなく、「どうやったらできるのか」を考えるのが改革の発想です。現場が自分たちの枠組みの中だけでやろうとしても、手をつけられることには限界があります。その限界を超えるためには、全社で動くことが必要です。

改革の道筋を誰が決めるか？

今回の設問の社長も、言っていることに間違いはないのですが、数値目標だけでなく、全体としてどう進めるのかという道筋を示す必要があります。

改革における解決策は、他社の事例をそのまま自社に当てはめれば成功するとは限りません。企業によって、取るべき道筋はいくつでもありえます。

その中で、どの道筋を選ぶのかというシナリオの決定は、経営トップ自身にしかできないことなのです。そのシナリオを描くこと、そしてそれを提示することは、経営トップ、チェンジリーダーの責務なのです。

A 2

一見無理と思える目標であっても、まずはできる方法がないかを考えましょう。発想を転換して実現するのが「改革」です。

問題 37

A社は肩たたき棒やリラクゼーショングッズなどの健康グッズのメーカーです。健康ブームに乗ってそこそこの成長を続けてきましたが、悩みは効率が悪くなってきたことです。

かつては高年齢層が主要顧客だったのですが、いまや若い世代や中年層がどんどん顧客になっているため、広範囲の客層を相手にする必要が出てきました。新しい客層が出てくるたびに、その層に向けた新商品を開発しますが、かつてのようなヒットが出にくくなってきています。

なぜ、ヒットが出なくなってきているのか。実際に売場を見に行った社長は、自社製品とよく似たタイプの商品が多く並んでいることに気がつきました。そればかりか、現在開発中の新商品とよく似たコンセプトの商品が、すでにほかの企業に開発され、店頭に並んでいます。明らかにA社の製品開発の動きは遅れているのです。

Q

なぜA社はワンテンポ遅れるのでしょうか?

1. 市場全体が見えていない。
2. 開発に時間がかかっている。短時間で出荷できる体制を築く必要がある。
3. 現状しか見ていない。少なくとも2〜3年先を予測すべき。

認識のモレやダブりをなくす「MECE」の視点とは？

——いま見えているものがすべてではない

市場の変化はどんどん速くなっています。新市場が速いスピードで生まれている一方で、既存市場がどんどん衰退しているということを念頭に置いておかなければなりません。

既存市場が衰退したら企業も消えてしまいます。つねに新しく誕生する市場に焦点を当てることが不可欠です。そのためには市場をMECEでとらえることが必要になります。

MECEとは「Mutually Exclusive Collectively Exhaustive」の頭文字を取った言葉で、モレやダブりがない状態を指しています。視点の抜けやムダの発生を防ぐために重要な考え方です。

まず全体像を把握し、それをモレやダブりがないように細分化していきます。全体から部分へ、マクロからミクロへと視点を移していくのが基本です。つまり「木を見て森を見ず」になってはいけないということです。

MECEでモレやダブりをなくす本来の目的は、的外れの努力をなくし、優先順位をつけることです。全体にまんべんなくエネルギーをかけていたのでは非効率的なので、コストやエネルギーが効果的に使われるようにターゲットを絞り込む必要があります。

MECEは、全体として一番効果的な選択をするための出発点なのです。

市場の変化の兆しをつかもう

モレなく、ダブりなく市場を分けていくことで、「ここはうちの顧客層だが、この層はまだ顧客にはなっていない」といった見方ができるようになってきます。つねに全体で見る視点があると、市場で起こったちょっとした事象を見ても、先手を打って検証するチャンスをつくることができます。

しかし、いまの市場しか見えていないと、まったく別の顧客の動きがあったとき、市場の変化の兆しを認識できません。MECEでモレなくダブりなく見ることで、新たな動きへのアンテナをつねに高感度にしておきましょう。また、分析しすぎたり様子見をしている間にチャンスを逃していることに気づきましょう。

A

1

②、③も可。MECEは、全体として一番効果的な選択をするための出発点です。

STEP 6

問題解決のための確実な対策

問題
38

中村君は文具メーカーの開発部に所属する3年目の社員で、新商品の開発をしています。

最近は「ユニバーサルデザイン」をキーワードに、どんな人にでも使いやすい文房具が主流になってきています。

しかし、「新商品を開発するには、顧客の声が重要だ」と考えた中村君は、お客様相談室に寄せられるクレームや問い合わせの内容をヒントに新しい商品開発を進めようと考えました。

実際に顧客の要望や問い合わせを見てみると、あまりにも多くの意見があります。いまのユニバーサルデザイン商品に対する満足度は高いものがありますが、その一方で、

「もっとかわいいデザインのものが欲しい」

「持ち運びに便利なように、もっと小ぶりな商品が欲しい」

といった意見も出てきます。

Q

さまざまな意見があるなか、
中村君はどうするべきでしょうか?

❶ すべての要望に応じるのは不可能。顧客のターゲットをはっきりさせて特長を出す。

❷ 顧客の声にはなるべく対応すべき。要望の一部を切り捨てるのは不信を招きかねない。

❸ 一番多い要望に合わせた商品を開発する。

仕事の効率化 その1
「捨てる」「やめる」

――焦点を定めてエネルギーを集中しよう

市場が成熟し、顧客のニーズが多様化している中では、すべての顧客のニーズに応じることはますますむずかしくなってきています。エネルギー(人、モノ、金、情報などの経営資源)には限りがあるので、すべてにまんべんなくエネルギーをつぎ込もうとしても、かえって中途半端で魅力のない商品になってしまいかねません。

こういう場合は、焦点を当てる範囲を決め、その範囲から外れる市場を捨てるということも必要です。捨てることは、エネルギーのムダを省く、時間のムダを省く、人のムダを省くなど、効果が最も大きい改善の方法です。捨てることで余力が生まれ、新しいことに振り分けることもできます。

仕事が多すぎる場合は、まず、やめられないかどうかを考えましょう。その出張はどうしても行かなければならないのか、この書類はどうしてもつくらなければならないものなのか、あるいは不採算部門を撤退できないか。

──「捨てるリスク」と「捨てないリスク」

いくら「捨てる」「やめる」ことの効用がわかっていても捨てられない人がいます。「将来使うかもしれない」「役に立つことがあるかもしれない」という可能性を捨てきれないからでしょう。

ものを捨てないことで、その代わりに得られるものが何かを考えましょう。あるいは、ある可能性を捨てれば別の可能性を得られるかもしれないのに見過ごしてしまっていないかを考えてみましょう。

「捨てるリスク」だけでなく、「捨てないリスク」が発生していないか考える必要があります。捨てないことで、場所のムダが発生しているかもしれません。「あったらいいな」というレベルのものは、まず捨てる対象と考えてみるといいでしょう。

A 1

すべての顧客を満足させることはむずかしいので、範囲を決め、対象顧客が満足する商品を徹底的に企画しましょう。

問題

39

A社は営業効率を上げるために、営業拠点を約3分の2に統廃合することになりました。佐藤君が所属する拠点もほぼ同規模の隣の拠点と合併し、人員も3分の2に減らされてしまいました。

この結果、佐藤君の担当エリアは2倍に広がりました。顧客訪問をするにしても、移動時間ばかりが増え、勤務時間は以前より長いのに、一部のお得意様ともご無沙汰になってしまっています。

これは、この営業所のメンバーの多くに共通して起こっている事態です。結局、統合後の営業成績は統合前の2つの拠点の合算数字より落ちてしまいました。現場では「本社では効率化できたと言っているけど、現場は非効率きわまりない」というぼやきも聞こえてきます。

Q

この営業所が取れる
一番効率的な選択肢はどれでしょう?

❶ 訪問営業以外の方法を考え、合理的な集客方法（小規模な商談会や説明会）で顧客を呼ぶ。

❷ 訪問を電話・FAX・メールで代用する。

❸ 徒歩と公共交通機関だった移動手段に車を加える。

仕事の効率化　その2
「統合する」「集める」

——一緒にできるものは統合する

改善の効果が最も高いのは「やめる」ことですが、それができない場合は、「統合する」ことを考えましょう。たとえば、注文を受けるたびに請求書を発行するよりも、1カ月に1回まとめて発行したほうが作業の手間はぐっと減ります。

企業が合併して効率化する、銀行が拠点を統合して効率化するというのも、あるいは買い物は週末にまとめてやるというのも、「統合」の考え方です。

しかし、営業活動においては、2回訪問すべきところを単純に1回にするということができにくいものです。

「顧客のニーズをつかむ」「商品やサービスを提案する」「交渉して受注に結びつける」などの業務を補完するものとして考えられるのは、説明会を開くことです。商品の使い方やサービス内容を説明する、実物を見せる、などの一連の営業活動を、複数の顧客を集めてまとめてやってしまおうという方法です。顧客とのコミュニケーションを維持しながら営業活動を効率化するためのひとつの方法といえるでしょう。

ものを一か所に集めるだけで効率アップ！

また、ものをまとめる、集めるというのも統合のひとつです。整理しておくと探す手間や時間が省けて効率的になります。また、誰が見てもわかりやすいので、業務の標準化につながります。工場や物流など、作業している現場では特に重要です。

家事についても同じ考え方が当てはまります。たとえば掃除をするときに、掃除機は奥の開きに、雑巾は流しの下に、バケツはベランダにと、家中駆けずり回らなければならないということはないでしょうか？

ワークフローの流れに従ってものの置き場所を決めることで、取りに行ったり戻しに行ったりというムダを減らすことができます。

A ①

やめることができなければ、一緒にできるものは統合してしまうのが次善の策です。②の合理化できる部分も積極的に活用していきましょう。

問題 40

小学校の先生である山下さんは、4月から6年生の担任になりました。まずやらなければならないことは、学習計画の立案と時間割の作成です。しかし、山下さんに限らず、先生たちには大きな悩みがあります。週休2日制と総合学習の導入です。

国語・算数・理科・社会など、従来の科目に割くことのできる時間が減ってしまいました。

たしかに学習指導要領で定められている学習内容も減らされているので、一概に無理な制度ともいえません。しかし父兄からは学力低下を心配する声が大きく、従来のレベルを維持することが強く要求されていたのです。

さらに、新しく始まった総合学習の準備に非常に多くの時間がかかるのも悩みのタネです。これまでと同じようなクラス運営を行っていては、満足なレベルの指導ができなくなる恐れもあります。

Q

さて、山下さんが解決策を考えるうえでポイントとなるのはなんでしょうか？

❶ 宿題など、授業時間外の学習方法を考える。

❷ 官庁の方針だからしかたがない。

❸ 研修で教師としてのスキルを高める。

仕事の効率化 その3
「入れ替える」

──「入れ替え・代用」による効率化

学校教育のように、「この教科をこのぐらいの時間で指導する」と規定されている場合、何かをやめたり統合したりしてしまうことはむずかしくなります。こうした場合、次に効率のいい改善方法は「入れ替える」という発想です。

たとえば、計算練習を宿題にするのは「時間の入れ替え」です。授業中に行うべきことを授業外の時間で行うことで効率化を図ります。あるいは、体育の授業を2クラス分、ひとりの先生がまとめて行い、その間にもうひとりの先生が総合学習の授業の準備をする、というのは「人の入れ替え」といえるでしょう。

一部の学校では、教師をサポートするボランティアが、プリントの配布や児童の誘導などを行うことで授業を効率化しています。これらも「人の入れ替え」による改善です。こうした入れ替えは、抜本的な改革には及ばないものの、小さな改善の積み重ねを繰り返すことで大きな効果に結びつけることもできます。

――アウトソーシングの注意点

アウトソーシングも入れ替えの一種で、多くの企業に定着しています。競争力を高めるためにも、自社の強みに経営資源を集中させるところが多くあります。コア・コンピタンス（競争力の源泉となる強み）に関わらない部分はアウトソーシングして自社から切り離してしまうのです。これを「コア・コンピタンス経営」といいます。

大規模なアウトソーシングには注意点があります。外注先は専門性や技術の高いところに依頼しなければなりません。そうでなければワークフローやオペレーションに支障をきたし、顧客に提供するうえで重大な障害を及ぼしかねません。同じような話は、正社員を派遣社員やパートに置き換える際にも発生します。自社製品・サービスの品質レベルの維持ができなくなってしまっては元も子もありません。

A 1

やめたり統合したりできない仕事は「入れ替える」「代用する」で解決してみましょう。

問題

41

顧客の購買履歴や自宅住所などが登録されたデータベースは、通信販売業であるA社の大切な資産です。A社はこのたび顧客との関係をさらに強化すべくCRMに取り組みはじめました。そのためには顧客データベースの更新が不可欠でした。これまで持っていた販売管理情報に、どんな項目を追加するかを決めるのはなかなかむずかしいものです。

マーケティング部門には、可能性を考えて、データベースにたくさんの情報を持たせたいという強い意向がありました。基本的な顧客の属性（氏名、住所など）、購買履歴だけでなく、問い合わせ履歴、満足度調査の回答結果、A社のホームページへのアクセス状況……。

しかし、データの項目数が増えすぎた結果、情報がたくさんある顧客とほとんどない顧客の区別ができなくなってしまったので、かえって全体概要がつかめなくなり、分析ができません。

それどころか、コールセンターや管理部門からは、データベースを使うのに手間がかかるようになったと言われる始末です。

Q

**なぜ、こんなことに
なってしまったのでしょう?**

1. コールセンターや管理部門のデータベースに対する知識が足りないから。
2. 情報を盛り込みすぎたから。項目数が少ないほうが使いやすいデータベースになる。
3. マーケティング部門の分析スキルが低いから

シンプルでムダがないデータベースのつくり方

——データベースは万能か?

多くの企業は、顧客の詳細な属性や購入履歴、問い合わせ情報などを一元管理し、商品開発などに活用できる顧客データベースの導入に積極的に取り組んでいます。

しかし、導入した顧客データベースがすべての能力を発揮しているかというと、そうとは限りません。運用のしにくさから、結局は多くの機能が使われず、請求書発行や売上管理などの限定的な機能しか使われていない場合も多々あります。

これは、顧客データベースの項目や構成だけに着目し、「どのような使われ方をするのか」ということを考えないまま設計に着手したために発生したケースです。「あったほうがいい」と思われる機能や項目を全部持たせてしまうと、システムが複雑になりすぎて、使うのにかえって手間がかかることになってしまうのです。

複雑だと操作をするときのミスも多く発生します。システムは単純なほうが使いやすく、ミスも少なくなります。

A

2

使う目的がはっきりしない情報は、データベースに載せるだけムダです。

顧客情報をどう管理するか

顧客の変化が激しいということは、データベースの更新の手間もバカにならないということです。ためておくだけの顧客情報はあっという間に陳腐化します。どうやって管理していくかを考えておかなければ、意味のないデータになってしまいます。

実際に誰が操作して情報をインプット（入力）するのでしょうか？　誰が、いつ、どんな情報をアウトプットするのでしょうか？

システムをつくるうえでは、まずインプットとアウトプットから押さえましょう。とくにアウトプットが重要です。目的となるアウトプットを押さえ、そこからどんなインプットが必要なのかを明確にしていくと、ムダがなくシンプルなシステムにすることができます。

問題

42

山本さんの奥さんは高価な物を衝動買いしてしまうことがあります。心配性の山本さんは、貯金額が少ないことに不安を感じています。そのことは奥さんも気になっていたらしく、ふたりは、「めざせ、年間100万円」を目標に、電気や水、ガスなどの節約を始めました。山本さんも好きなタバコをやめて、貯金に回すことにしたのです。

もともと几帳面な山本さんは、そういったこまごましたことを苦にしないどころか、あらたなムダが見つかると、「また節約のタネがあった」と喜んですらいるように見えます。

ある日、山本さんは不要な時に電気のブレーカーを落としておくと、年間で数千円の節約ができるということを知り、実践しはじめたのですが、ここで問題が起こりました。奥さんが予約していたビデオの録画が、ブレーカーを落としてしまっていたため、録画されなかったのです。奥さんもこれにはカンカンになって大げんかに発展してしまいました。

Q

さて、悪いのはどちらでしょうか？

1. 山本さんの目の付け所が悪い。
2. 奥さんの浪費癖が悪い。
3. 両方が悪い。

効率よく目標達成するために「対策の見直し」をしましょう

――効果の薄いものを数多くやるのは逆効果

解決策を実行するとき、的外れな解決策を実行したり、やっている割には効力が薄い、つまりやりがいがないと感じたりすることはないでしょうか？

しかもやるべきことの数が多くなると、だんだん面倒くさくなって手をつけられなくなってしまいます。熱心な人ばかりがやって、やらない人を口やかましく非難するという状況にも陥ってしまいます。こうなると、人間関係もギスギスしてきて、組織そのものの存在の目的や機能も損なわれてしまいかねません。

あまりにやることが多く、かつ効果が見えにくい解決策は頓挫します。やはり解決策は効果があるものを選んだほうがいいのです。自己満足の解決策であってはいけません。

――目的が手段のなかに埋没していく危険性

A

3

手段が目的化しては元も子もありません。より効果的な選択肢を探しましょう。

解決策を実行するうえでのもうひとつの落とし穴は、解決策を実行することそのものが目的になってしまうことです。

山本さんのように、もともとまじめで几帳面という人は、節約することそのものを目的にしてしまうことがあります。本人は、解決策を実行することに充実感を感じていますが、それに付き合わされる方はたまらない、ということになってしまいます。

同じような話は経営革新の導入にも見られます。SCMやCRMなどの経営革新を導入しようという企業の中には、導入することそのものが目的化してしまっている例があります。旗振り役は、目的に向かって邁進している手ごたえを感じていても、組織の末端では目的がはっきりせず「付き合わされている」と感じていたりします。

目的を見失った解決策は無意味です。手段に埋没することなく、目的達成に向かって努力する姿勢を忘れないようにしましょう。

問題

43

広告会社A社の若手社員の間では営業スキルを磨きたいという要望が高まっています。営業力強化のために何ができるのかを議論する中で、営業5年目の社員がある提案をしました。

「かねがね興味を持っていたのですが、ロールプレーイング（役割実演）はどうでしょう？　営業力に定評のあるB社では、毎週1回ロールプレーイングで交渉のしかたを勉強しているそうですよ」

この意見に対して賛否両論が噴出しました。

「おもしろそうですね。ぜひやってみたいです」

「しかし、ロールプレーイングは時間がかかる。毎週1回、定期的に時間を割くのは難しいのでは？」

「B社の評判は聞いたことがありますが、うちにはB社のようにロールプレーイングを指導できる人間がいませんよ」

毎週1回
ロールプレイング！
いける！
誰が指導
するの？
時間が…
おもしろそう！

Q A社営業部は今後の方針をどう決めればいいのでしょうか？

1. 多数決で決める。
2. 議論したうえで、部長の裁量で決定する。
3. 目的を再確認して、ロールプレーイング以外の方法も考える。

代替案と意思決定 その1
「代替案はこの手順で出そう」

――日本的な議論をやめて必ず代替案を出そう

解決策を検討するときにやってしまいがちなのが「たまたま出た案を、寄ってたかって評価する」という日本的な議論です。案を客観的に評価するという発想が乏しく、やる・やらないの議論になってしまうことがしばしばあります。

しかし、これでは出された案をことごとくつぶす結果になりやすく、現状の枠を打破する思いきった発想は生まれてきません。こうなると新しい取り組みは何も進まなくなってしまいます。これを防ぐためには、解決策を複数出して比較検討するということが必要になります。すなわち代替案です。

日本には意思決定という言葉を正しく理解している人があまりいません。意思決定をする経営者はさらにいません。意思決定とは、たんなる判断ではなく、やり直しのきかない判断を、責任を持って決定することです。必要なのは思いきりやリーダーシップではなく、「これがベストだ」という決断の裏づけとなる論理的な根拠です。

実効性を高める比較検討のやり方

代替案を出すコツは、現在の制約や前提条件を取り外し、どんな対策が取られうるのかをゼロベースで考えることです。すべての対策を考えて、その中から一番よいものを選ぶのが基本的な意思決定の進め方です。

たとえば、今回のケースでは、営業力の向上という課題が目の前にあります。営業力を向上させるには「ロールプレーイング」だけでなく、「社外の講師を招いて研修を行う」「上司の同行営業により、実際の営業活動の中で学ぶ」「トップセールスマンの話を聞く」など、いろいろ考えられます。

比較検討の過程では、ふたつの案をひとつにしたり、よりよいものに修正したりしていく必要もあります。これにより、実効性の高い解決策ができあがるのです。

A 3

解決策をひとつだけ出して議論するのではなく、代替案を出して比較検討することが必要です。

問題 44

前出のA社では、営業力の強化をめぐって個人のスキルアップを図ることを課題と設定しました。

①ロールプレーイング

②同行営業

③外部講師による座学研修

この3つの選択肢を元に、どれがいいのかを相談することになりましたが、会議ではみんなの主張が割れてしまいました。

若い世代では、やはりおもしろいもの、手ごたえのあるものをやりたいということで①を希望する意見が多数。しかし、中堅クラスでは「外部からの視点を養うためにも、社外の講師を招いて勉強することが効果的だ」とする意見が主流で③。ところが、営業部長は、最も効果が高そうであるという理由で②がいいという見解を示しました。

なかなかひとつの案にまとめることができません。

同行営業だ！
現場だ！
社外講師の
研修だな
ロールプレイング！

Q

どうしたら意見をまとめることができるのでしょうか？

1. 話し合いをして、多数決で決めるのがいい。
2. 研修のための拘束時間、実行にかかる費用など、数字で判断する。
3. どういった点で評価をするのか、あらかじめ評価項目を相談する。

代替案と意思決定 その2
「客観的な評価のための視点」

――定性評価・定量評価という2つの切り口

評価・決定のプロセスでは、各人の主張や意見、好き嫌い、多数決、あるいはリーダーが自分の意見をベースに、メンバーの意見を参考程度に取り入れながら決定するというケースが多いのではないでしょうか？　しかし、このようにして出された結論は、ベストな決定とはいえません。ほかの案が選ばれなかった理由がはっきりしていないからです。

案を客観的に評価するためには、評価を始める前に評価の切り口をはっきりさせておく必要があります。切り口がはっきりしていないと、数値だけを頼りに判断しようとしたり、多数派の意見が採用されやすくなってしまったりします。

議論の迷走を避けるためにも、定量的な切り口だけでなく、定性的な切り口についてもあらかじめはっきりさせておきましょう。

たとえば今回の設問のケースでいえば、「実行するのにかかる費用」「社員は毎週何時間ぐらいを費やすことになるのか」などの定量評価（数値化できる評価）と、「その解決策の利点」「その解決策の難点」などの定性評価（数値にできないものを評価する）の両方の切り口を明示して一覧にするとわかりやすくなります。

リスクを取るときの〝2つの視点〟

解決策を決定するときは、発生しうるリスクについてもあらかじめ考えておく必要があります。リスクが高すぎる場合には、案の内容を改善したり、代替案を選んだりすることも必要になるからです。また、リスクをどこまで許容するのかという範囲を決めておくことも必要です。リスクを考えるときは、次の2つの視点で洗い出すといいでしょう。

「損失を未然に防止する方法には、どんなものがあるか？」
「損失が発生してしまった場合に、被害を最小限に食い止める方法は何か？」

この2つの視点で、リスクにはどのようなものがあるかを把握し、あらかじめ対処方法について考えておくことが、リスクマネジメントの第一歩となります。

A

3

代替案の決定は、「定性評価」「定量評価」「リスクマネジメント」などにもとづいた評価の切り口を事前に決めてから行うようにしましょう。

STEP 7

目標を達成するための戦略思考

問題 45

山中君は脱サラをして念願のラーメン店を開きました。

出店した場所はラーメン激戦区といわれる地域です。緊張しながら迎えた開店初日、山中君の店には行列ができて大当たり！ 激戦区での快挙はテレビでも紹介され、マニアも呼び込んで、さらに客足は伸びています。

そこにA信用金庫の担当者がやってきました。初日だけでなく、2週間たったいまも行列ができているのを見た担当者は、2店舗目の出店をすすめに来たのです。

資金はA信用金庫が貸し出すし、出店候補地のアタリもつけてきていると言います。

見ると、集客力には心配のない立地で、めったにない好条件です。

Q

さて、山中君は店舗数を
増やすべきでしょうか？

❶ チャンスを逃さず流れには乗ったほうがいい。

❷ 今回の話は流れても、半年くらいは1店舗で様子を見て、成功した理由をじっくり考えてみる。

❸ 情報を精査して、いけそうだというデータの裏づけがあれば出店する。

成功の理由を分析しておけば「勝ちパターン」をつくれる

問題解決後の変化を見つめよう

問題は、ひとたび解決したらそれで終わり、というわけではありません。経過を見ながら新たな問題設定の必要がないかどうかを考えていくことが必要なのです。

このラーメン店についていえば、2週間で結論を出すのは早急すぎます。「めずらしいから」という理由だけで新店オープンの集客効果は3か月ほど続きます。最初は行列ができて当たり前、できなければ完全な失敗なのです。安定的な売り上げを支えるリピート客が増えなければ、客は減る一方です。

そのリピート客を獲得できたかどうかは、3か月後ぐらいからはっきりしてきます。集客が店に対する評価に比例してくるのは、その時期からなのです。いまは規模の拡大よりも質の向上をめざすべきです。

「いま、何をすべきか」を考える

本業の効率をよりよくするために取り組むべき課題はたくさんあります。コストの低減による利益率の向上、サービス内容の向上、メニュー開発、店舗オペレーションの定着などを通じて安定的な集客を図れるようにすることが必要です。これらがクリアされる見通しがついた時点で、店舗の拡大・新規出店を考えるべきです。次のステータスに移る前に「いま、何をすべきか」を考え、それが達成されるめどがつくまでは別の課題に手をつけてはいけません。目的をコロコロ変えたり、着手する範囲を行き当たりばったりで増やしたりすると、課題への取り組みが中途半端に終わります。

問題は「あるべき姿」と「現状」のギャップから生まれます。つまり、「あるべき姿」が変わるとき、もしくは自分たちの状況や環境などの「現状」が変わるとき、問題は必ず発生します。市場が変化し、自分たちが成長しようとする限り、問題が必ず発生するのです。企業経営でも、個人でも、問題解決は永遠に終わりません。

A 2

リピーターを獲得できてこそ、ビジネスは成立します。問題解決のあとは、変化した現状を見ていくことが重要なのです。

問題 46

A社は昨年、人事制度の抜本改革を行いました。いままでは年功賃金でやってきたのですが、会社の実情に合わなくなってきたので、1年かけて成果主義人事制度を取り入れたのです。

しかし、導入後1年たって、問題はさらに大きくなってしまいました。自分の成績にならない仕事を敬遠するムードが蔓延し、助け合って職場の問題を解決しようという雰囲気がなくなってしまったのです。

自分のためにならないことはやらないという態度から、顧客の「対応が悪い」というクレームも増えています。問題をいろいろ発生させたものの、売り上げはせいぜい横ばいです。

Q

さて、A社の成果主義導入という決断について、あなたはどう思いますか？

1. 当初の目的や問題点が成果主義導入でクリアできるのか、事前に検討しておくべきだった。
2. 成果主義導入に伴うメリット・デメリットをきちんと検討しておくべきだった。
3. 人事制度の改革は流行だからやっていい。

問題の解決率が飛躍的に上がる「仮説力」を身につけよう

――問題解決で失敗するパターン

1.「あるべき姿」の失敗…経営方針があいまいで目標が数字でしか示されない。
2.「現状把握」の失敗…都合がいいデータだけに着目してしまう。
3.「問題分析」の失敗…分析が不十分で、原因まで行き着いていない。
4.「中途半端」であるという失敗…一度に多くのことに手をつけすぎている。
5.「意思決定」の失敗…客観的な評価がされず、代替案が検討されていない。
6.「実行段階」の失敗…解決策にムリがある、わかりにくくて実行できない。

「改革」という旗印を立てても、それが結果として「改悪」になってしまっては元も子もありません。それぞれのプロセスを一歩一歩丁寧に進めることが、確実な問題解決へと結びつくのです。

――成功率を上げる「仮説力」の磨き方

「この選択肢を選んだらどうなるのか」というシミュレーションも効果的です。将来の推測・予測をする「仮説力」があれば、数少ない情報やデータからでも、将来を予測し、次のシナリオを描くことができます。

仮説とは「仮の結論」です。100%確実ではないけれど、とりあえずの結論としたものです。仮説を立てて推測し、それを数少ない事実で検証していく作業を繰り返しているうちに、予測力や洞察力を磨くことができます。数少ないデータや事実からでも、将来の見通しを立てることができるようになるのです。

精度の高い仮説を立てることができるようになれば、仕事はムダなく進められるようになります。スピーディーに現状把握や予測をすることができるのです。

問題解決を「やってみなければわからない」というのは素人です。ビジネスパーソンなら、問題解決の汎用スキルは素養として持っておくべきものなのです。

A

1

②でも可。仮説を立てて推測し、それを事実で検証する作業を繰り返せば、限られたデータからでも将来の見通しを立てられる「仮説力」が身につきます。

問題 47

中田君は経理部所属の5年目の社員です。今年、小さいチームながらもリーダーを任されるようになりました。中田君はおとなしい性格ですが、人と話をするのは好きなほうです。しかしリーダーのコミュニケーションとは、いってみれば「管理」。ときにはムリな注文も出さなければいけないし、耳の痛いことも言わなければなりません。

なのに、上司の価値観は古いままで、不合理きわまりない指示を出すこともたびたびあります。そういう指示は往々にして撤回されたり変更されたりするので、中田君とその下のメンバーは振り回されるばかりの毎日です。

経理の仕事自体は嫌いなわけではないのですが、いまの仕事の内容はどうにも腑に落ちません。最近では「転職しようか」と、とりとめもなく考えたりする毎日です。

Q

**さて、こんな中田君に、
あなたならどんなアドバイスをしますか？**

❶ 会社にも問題がある。やっていて充実感を得られる仕事を選んだほうがいい。

❷ そのつらさは、必ずしも「リーダー」という立場に起因するだけではない。つらいのはなぜかを考えて対処しよう。

キャリアアップの問題解決術　その1
「自分の壁を乗り越えよう」

――現状を変えることで人は成長できる

仕事がつらいのは、仕事の中身がつらいからか、仕事の進め方が悪くてつらい状況になっているからかをよく考えてみましょう。中田君にとっては、リーダーという管理業務そのものが重荷と感じられているのでしょう。

仕事の進め方やしくみを見直し、実行するにはエネルギーが必要です。しかし、現状の変化で人間は成長します。これは組織でも同じです。変化のないところに成長はありません。変化を自ら生み出し続けることが、成長には欠かせないのです。変化を繰り返すことで、環境の変化に負けず、自分を変えて対応できる強い組織になります。

みずから変化を与えることは、自分自身にも成長をもたらします。基本的に、人間は変化に対して不安を感じるようにできています。それを不安のままで終わらせてしまうのか、それとも解決（いまより高いレベルでの安定）をめざす原動力にするのか、それは個人の姿勢にかかっています。問題を放置してしまえば、変化に対する不安からも、変化しないことで感じるマンネリ感からも逃れられません。「いい仕事は報われる」と信じて努力を惜しまないことが成長への第一歩です。

――いままでの壁が壁でなくなる瞬間

現状維持に満足してはいけません。現状維持は後退です。「このままでいい」と思った瞬間に陳腐化が始まります。

また、自分の壁を越えなければいけません。「苦手だからやらない、やりたくない」といって立ちはだかった壁から一度逃げると、「逃げグセ」がつきます。それでは進歩しません。自分の壁を一度乗り越えると、次に同じような壁が来ても動じません。いままでの壁が壁でなくなるからです。自分の壁に挑み、壁を乗り越える習慣がつけば、どんどん高い壁を飛び越せるようになります。

A 2

進化しなければなりません。そこに人間の生きる喜びがあります。

問題 48

さて、中田君は久しぶりに大学時代の友人と会うことになりました。卒業してから5年。短いようですが、学生くささがすっかり抜けてビジネスマンの顔になっています。

一番仲のよかった小池君は、商社で鉄鋼部門を担当しています。すでに2人の子持ちということもあり、一番雰囲気が変わっていました。なんでも、中国で進めているプロジェクトに参加していて、日本と中国を飛び回っているようです。仕事で見聞きしたことをいろいろ話してくれました。

小池君は自分よりはるかに多くの体験を積んでいるようです。話も聞いていておもしろいのです。それに比べて、中田君は何かおもしろいと思ってもらえそうな話のネタがひとつもない自分に気がつきました。入社以来、ずっと経理の仕事をしています。外の人と接触する機会もありません。毎日が同じ仕事の繰り返しです。小池君の仕事ぶりといまの自分とを比べると、焦りを感じざるをえませんでした。

「いったい、自分はこの5年間でどれだけ成長したといえるんだろうか……?」

Q

あなたなら、中田君に
どんなアドバイスをするでしょうか？

1. 人は人、自分は自分と割りきったほうがいい。
2. 小池君もつまらない仕事もしているはずだ。
3. まずは冷静に自分を見つめ直す。自分の短所や足りないところを素直に認めるのと同じくらい、長所や成長を冷静に捉えるべきだ。

キャリアアップの問題解決術 その2「努力の効率を上げるコツ」

「人生の棚卸し」で自分自身の変化をつかもう

人間の成長は人それぞれ。たまには人と比較して自分を見つめ直すきっかけを持つのも悪くはありませんが、誰かと比べて焦ったり安心したりしても意味がありません。まずは自分の変化を見出しましょう。5年前と比較して、何がよくなったか、何が変わっていないのか、何が悪くなったのかを考えて「人生の棚卸し」をするのです。

冷静に5年間のアウトプットを見つめると、自分に足りないものが見えてきます。同じ5年間という時間を過ごしてきた中田君と小池君。5年間という時間は2人に平等だったはずです。2人とも仕事を誠実に努力してこなしてきたのに、なぜ、こんな差が生まれるのでしょうか。

「アウトプット志向」で努力が成果に直結できる

2人のインプットは似たようなものなのに、アウトプットがまったく違うのです。

アウトプットが違うのに投入する努力が同じ量だとしたら、当然、投入する努力のエネルギーの多いほうが効率が悪くなります。

ムダな努力をしないためには、アウトプット（=目標）を明確にして、そこに至る最短距離を見つけ出すことが必要です。自分がどうありたいのかをイメージして、そこに向かって努力することが欠かせません。

取りかかる前にアウトプットを明確にするのは、一日の仕事を進める場合でも同じです。最初に「これだけはやる」という目標を決めましょう。そして、それが達成できなければ今日の自分の働きはムダになる、と肝に銘じて仕事に取り組みましょう。

目標を決めたら、おおよその計画、グランドデザインを描きましょう。時間は5～10分もあれば足ります。ちょっと立ち止まって考えることで、その日一日の仕事の流れがスムーズになるのです。

A

3

いい仕事、悪い仕事は、心がけしだい。まずは自分の過去5年間の成長を冷静に考えてみましょう。そして5年後、10年後の自分のあるべき姿を描きましょう。

問題 49

強い焦りを抱えた中田君は「人から認められる仕事がしたい。必要とされる仕事がしたい」という思いを強くしました。

「思い切って仕事を変えてみるか？　何か資格を持っておくのもいいかもしれない。今の仕事の延長線上で、公認会計士なんてどうだろう。今の仕事にも役立つし、いずれは独立することだってできる。よし、資格試験の本を買ってきて勉強を始めよう」

しかし、中田君の勉強はその後ほとんど進みません。仕事が忙しくて勉強する時間が取れず、いったんペースが崩れると勉強自体もつまらなくなってしまいました。

変化したいというきっかけが、焦りの気持ちだけだったから、もともと何をしたいのかもはっきりしていなかったということもあります。

やがて中田君の頭の中に、別の考えが持ち上がってきました。

「どうも僕には会計士の仕事は向いてないのかもしれない。もともとは法学部の出身だし、弁護士とか司法書士なんかのほうがいいかもしれない」

Q

さて、考えがゆれている中田君。
あなたはどう思うでしょうか?

1. 目標が変わるのは、目的がはっきりしていないからだ。
2. 目標が変わるのはよくないが、しかたがない。
3. この時点で迷いがあるのは、情報が足りないからだ。

キャリアアップの問題解決術　その3「夢を具体化するステップ」

——「ひとりブレスト」で、イメージを作る

「人から認められたい、必要とされる仕事がしたい」というのは、たいていの仕事に当てはまることで、漠然としすぎています。漠然とした「夢」から、目標へ絞り込むことはできません。まず目的をはっきりとさせ、具体的なイメージを固める必要があります。

この過程をおろそかにすると、「夢」はいつまでたってもただの「夢」です。「夢」を実現させている人は、必ず具体化していくステップを経ています。

まず、将来の自分の姿をイメージしましょう。ブレがあると、目標に落とし込む段階で必ず迷いが生じます。まずはイメージをはっきりさせることが必要です。

そのためには、「ひとりブレスト」をやってみるのも効果的です。頭の中だけでぐるぐる考えているだけではなく、紙に書き留めてみます。どんな自分になりたいのかを端的に表現する言葉を、テンポよくどんどん書き出していきましょう。あるいは誰

かに話してみるのです。アウトプットしていくうちに、はっきりしないところや、自分の中でも矛盾しているところが見つかったりするでしょう。

メンターが重要である本当の理由

あるべき姿を考えるうえでは、お手本となるものを探すのがいちばん手っ取り早い方法です。企業で言えばベンチマーキングです。個人なら、「メンター」を見つけるのもいいでしょう。メンターとは、仕事の直接の先輩・上司ではなくとも、仕事への取り組み方や姿勢、働くことに対する価値観などを学ぶ相手です。

メンターを持つことを制度に取り入れている企業もあるようですが、まだ一般的ではありません。自分が「この人はできる」「この人のような仕事っぷりをまねしたい」と強く思える人がいれば、その人を自分のメンターと決めてしまえばいいのです。

A 1

目的がはっきりしていないと何事も長続きしません。しっかりと具体像を描いてから目標に落とし込みましょう。

問題

50

中田君は、異業種交流会で、とてもアクティブな公認会計士に出会いました。話を聞いてみると、ベンチャー企業の立ち上げを手伝っているということでした。

企業の立ち上げの手伝いといっても、中田君にはいまひとつピンときません。

「うーん、一言でいうのは難しいな。企業の立ち上げのときにはいろいろな問題が出てくるから。お金の問題だけじゃなく、人の問題とか組織の問題とか。技術やほかの会社との関係なんかも。僕は公認会計士という立場と知識を利用してそんなもろもろの問題について、企業を起こそうとする人たちと一緒に考えながら解決策を見つけ出す。サポートをしているんだ。僕の仕事は、会計士の部分が3割、7割はそれ以外ってところじゃないかな。コンサルなんていうほどのものじゃないよ」

帰り道、中田君はその言葉を思い出し、ふと何かを見つけたような気がしました。必ずしもその人と同じ仕事がしたいというわけではありません。ただ、彼の仕事のしかたはとても魅力的でした。

Q

**さて、いまの中田君に必要なのは、
いったいなんでしょう?**

1. 「これが僕の専門です」と言える専門分野。
2. 問題を見つけ出して課題を設定し解決を導く、問題解決力。
3. 自分の目的を見つけ出すこと。自分のなりたい姿のイメージ。

キャリアアップの問題解決術 その4
「人生の達人になる3つの能力」

——これから必要なのは問題解決力

　私はこれまで数多くのプロジェクトや事業に携わってきました。その経験から、これから求められる人材の条件は「専門性」「業務スキルが高い」という2点にまとめられます。専門性とは、ある特定の分野で深い知識と経験を持っていること。業務スキルとは、問題解決力、ロジカルシンキングなどの汎用スキルのことを指します。

　かつて、企業の出世コースに乗るのは、さまざまな部署を転々としてきた人でした。会社の全体像を理解し、さまざまな経験をさせるため、そして、いろいろな部署に人的ネットワークを広げるための措置だったのでしょう。

　しかし、業務内容が複雑で高度化してきているいまは、詳細を知らない人間は「外野」です。「これについては誰よりも詳しい」と言えるような専門性はとてつもない強みです。専門性を持つことで、ほかの分野の業務知識がない弱みもカバーできます。

――あなた自身の「気づき」が将来を切り開く

「気づく」というのは成長における大切な要素です。「気づく」とは、みずから解を導き出すこと。「解は教えられるものではなく、自分で導き出すものだ」と冒頭で述べました。教えられた解にはその人を納得させて行動に至らしめる力がないからです。

安易に解を教えてもらうことに意味はありません。これまで紹介したケースと解答を記憶にとどめることそのものには、あまり深い意味はありません。むしろ、ひとつでもいいから、何かあなた自身の「気づき」をもたらすものであればと思います。

そして、自分なりの問題解決のシナリオが見えてきたら、あなたは人生の達人になっていることでしょう。生きるのが楽しくなるのもつまらなくなるのも、あなたしだいです。将来を切り開くのはあなた自身なのですから。

A

全

①、②、③すべて。これからの人材に必要な条件は、「専門性」「問題解決のスキル」「目的を設定する力」です。

◎本書は小社より刊行された『問題解決トレーニング アタマがよくなるビジネス50題』（２００４年３月）、および『「戦略思考」が身につく問題解決トレーニング』（２０１４年４月 文庫版）を、加筆・修正し、改題したものです。

戦略《せんりゃく》思考《しこう》が身《み》につく
問題解決《もんだいかいけつ》トレーニング

2021年2月17日　第一刷発行

著　者　　西村克己《にしむらかつみ》

本文イラスト　株式会社ウエイド
ブックデザイン　小口翔平＋阿部早紀子（tobufune）
編　集　安田薫子
DTP　臼田彩穂
発行人　北畠夏影
発行所　株式会社イースト・プレス
〒101-0051
東京都千代田区神田神保町2-4-7
久月神田ビル
Tel：03-5213-4700
Fax：03-5213-4701
https://www.eastpress.co.jp
印刷所　中央精版印刷株式会社

ISBN978-4-7816-1957-6

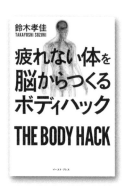